염려를 버리고 하나님을 온전히 신뢰하는 삶
자족연습

Anxious for Nothing
God's Cure for the Cares of Your Soul

By John Macarthur

Copyright ⓒ 1993, 2006 by Victor is an imprint of Cook Communications Ministries
All rights reserved

Korean translation copyright ⓒ 2007 by Togijangi Publishing House
2F, 71-1 Donggyo-ro. Mapogu, Seoul 04018, Korea

This Korean edition is published by arrangement with Cook Communications Ministries
(4050 Lee Vance View Colorado Springs, CO 80918 USA)

본 저작물의 한국어판 저작권은 Cook Communications Ministries와의 독점계약으로 한국어 판권을 '도서출판 토기장이'가 소유합니다. 저작권법에 의하여 한국 내에서 보호를 받는 저작물이므로 무단 복제를 금합니다.

특별한 표기가 없는 모든 성경 구절은 개역개정성경을 인용한 것입니다.

염려를 버리고 하나님을 온전히 신뢰하는 삶
자족연습

존 맥아더 지음 | 김애정 옮김

토기장이

추천의 글 1

...

"잘못된 상황 때문에 망하는 사람은 없으나, 잘못된 대응으로 망하는 사람은 많다"는 격언이 있습니다. 우리의 삶을 살아감에 있어서 염려처럼 잘못된 대응도 많지 않을 것입니다. 염려는 그 어느 것보다 더 자주 사람들을 병들게 하며 절망하게 합니다. 혹시 자신의 머리카락 숫자를 셀 수 있는 사람은 있을지 몰라도 자신의 염려의 숫자를 셀 수 있는 사람은 없을 것입니다. 염려는 결코 줄어들지 않기 때문입니다.

우리는 염려하는 것이 문제 해결에 전혀 도움이 되지 않는다는 것을 잘 알면서도 어느 순간 염려에 빠져드는 자신을 발견하게 됩니다. 매순간마다 일어나는 염려에 대해서 우리는 어떻게 대응해야 할까요?

그레이스 커뮤니티 교회의 목사이며 "당신에게 은혜를" Grace to You 방송 설교가로 잘 알려진 존 맥아더 박사는 우리에게 염려에 대응하는 법을 가르쳐 줍니다. 하나님을 향한 신뢰를 회복하며, 불평과 원망을 제거하고, 작은 일에 만족하는 법을 배움으로써 우리가 어떻게 염려를 극복할 수 있는지에 대해서 맥아더 박사는 설득력 있는 지침을 제공해 줍니다.

셜록 홈즈가 사건 현장을 관찰함으로써 문제를 풀어가듯이, 맥아더는 우리의 상황을 관찰하고 성경 말씀을 적용함으로써 염려를 이길 수 있는 길이 있음을 분명하게 보여줍니다.

특별히 이 책은 단지 원리만 전달할 뿐만 아니라 삶에 적용할 수 있는 구체적인 지침도 가르쳐 주고 있습니다. 책의 후반에 담긴 주제별 스터디 가이드로 개인 또는 그룹이 함께 공부한다면 큰 도움이 될 것입니다.

우리는 맥아더 박사의 안내를 따라 염려를 제거하고 믿음을 심어주는 힘있는 성경 말씀을 만날 수 있을 것이며, 연금술사들이 모래 안에서 금을 캐어내듯이, 수많은 염려의 상황들 가운데 기도와 믿음을 캐어내는 영적인 연금술사가 될 수 있을 것입니다.

장경철 · 서울여자대학교 교수

추천의 글 2

· · ·

우리가 자신의 내면에서 일어나는 염려와 분노를 긍정적으로 다루는 법을 배울 수만 있다면 인생의 승리는 보장 받은 것이나 다름없다. 그러나 실제는 어떤가? 우리는 우리 내면의 감정을 어떻게 다뤄야 할지 모를 때가 많다. 우리의 문제는 대부분 염려와 분노를 잘 다루지 못하는 데서 기인한다. 존 맥아더는 「자족연습」에서 우리에게 가장 중요하면서도 간과하기 쉬운 주제를 집중적으로 다룬다. 「자족연습」은 염려가 어디에서 오는가를 정확하게 진단하고, 염려에 대한 성경적이고 실질적인 답변을 제공한다. 피상적이거나 심리학적인 접근 방법이 아니라 성경적인 접근을 하면서도 현실적으로 깊이 있게 다루는 것이 이 책의 장점이다. 이 책은 단순히 염려를 없애는 데 그치지 않고, 오히려 염려하던 일에서 자신감을 얻고 성공을 거두는 방법을 제시한다.

존 맥아더 목사는 염려를 성경적으로 잘 정의해준다.

"염려란 우리가 주제넘게도 하나님의 능력과 사랑을 불신하는 것이다."

염려는 하나님에게서 눈을 떼고 상황만을 바라보는 것이다. 하나님은 우리가 이 세상의 한시적인 것에 매이지 않고 그분께 몰두하기를 원하신다. 염려는 불신앙의 죄이며 하나님의 권한을 넘보는 것이다. 사실 믿음의 반대는 염려와 두려움이다. 그러므로 염려를 다루지 못하면 믿음도 흔들린다. 더 나아가 염려는 파괴적이다.

"염려는 하나님의 인격과 성품에 주먹질하는 것이다."

산상수훈에 보면 주기도문 마 6:5-15과 구하는 기도 마 7:7-12에 대한 가르침 사이에 염려에 대한 말씀 마 6:25-34이 나온다. 기도의 막간에 염려가 틈타는 것이다. 그러므로 예수님은 '염려하지 말고 기도하라'고 말씀하신다. 하나님이 기르시는 공중의 새와 들의 백합화를 보라고 하신다. 염려는 하나님이 사랑이시며 내 아버지 되심을 믿지 못하기 때문에 생긴다. 영적 성숙은 하나님과 다른 사람을 향한 겸손과 하나님의 돌보심에 대한 믿음이다.

저자는 염려와 관련된 바울의 직접적인 명령, "아무것도 염려하지 말고"빌 4:6라는 말씀 앞뒤에 나오는 말씀을 가지고 '피해야 할 습관'인 불평과 '개발해야 하는 태도'인 자족에 대해 탁월하게 설명한다.

「자족연습」에는 각 장마다 염려를 버리고 자족하는 삶으로 이끄는 시편 말씀들을 잘 정선해놓았다. 찬양과 감사로 염려를 극복하는 '시편 치료법'은 시도해볼 만하다. 또한 이 책 말미에 전체의 내용을 이해하고 적용할 수 있도록 친절한 스디디 가이드를 제공하고 있다. 개인이나 그룹이 주제별 성경공부 교안으로 사용하면 좋을 것이다. 이는 읽고 아는 데 그치는 것이 아니라 삶에 적용하여 실질적인 변화를 가져오고자 한 저자의 의도에 부합한다. 존 맥아더는 항상 말씀의 적용에 초점을 둔다. 그래서 그의 메시지는 항상 강력하고 실제적이다. 이 책으로 염려를 날려버려라.

한기채 · 중앙성결교회 담임목사, 서울신학대학교 교수 역임

서문

. . .

염려와 두려움, 근심, 스트레스는 우리 시대에 친숙한 단어들이면서 동시에 많은 이들에게 익숙한 경험들이다. 요즘은 걱정의 극단적인 형태인 소위 '공황발작'에 대한 이야기를 듣는 일이 점점 더 많아지고 있다. 나는 언젠가 오래전 배에 마련된 응급실에서 공황발작을 일으키는 사람을 가까이에서 지켜본 적이 있다. 염려가 극단으로 치달아 일어난 그러한 상황은 두렵게도 우리 사회에서 일반적인 일이 되어가는 듯하다. 공황발작은 대개 너무나도 압도적이고 강렬하지만 근거는 없는 두려움과 관련되어 일어나는데, 그럴 때면 심장이 조여들고 한기를 느끼거나 땀을 흘리게 된다. 그리고 그 순간을 전혀 견뎌낼 수 없을 것만 같다는 공포에 휩싸이게 된다.

'나는 공황발작에 갇힌 사람이었다'라는 제목으로 자신의 경험을 생생하게 풀어낸 한 여성은 자신의 글을 이렇게 시작한다.

"앞으로 나의 고용주가 될지도 모르는 사람과 면접을 하는 동안에 무언가 끔찍한 일이 일어났다. 창문이 없는 방에서 면접을 보고 있었는데 갑자기 벽들이 사방에서 다가오면서 공기가 희박해졌다. 목이 죄어오고 머리에 밀려오는 무언가로 인해 귀가 먹먹해졌다. 그 순간 오직 '이곳을 빠져나가야 한다'는 생각뿐이었다. 겉으로는 침착한 척했지만 나의 머리와 가슴은 영원히 끝날 것 같지 않은 그 시간 내내 바깥을 맴돌았다. 어쨌거나 나는 내 정신이 사무실을 벗어나 딴 데 가 있다는 눈치를 면접관에게 주지 않으려고 애쓰면서 면접을 이어갔다. 나는 생명의 위협을 받는 상황 속에서 대개 경험하는 '싸우거나 도망치고 싶다'는 본능을 견뎌냈다."

그런데 진실은 그녀가 생명을 위협받는 상황에 전혀 처하지 않았다는 사실이다.

본질적으로 염려는 상황에 비추어볼 때 부적절한 반응으로서 사람들로 하여금 책임감 있게 일을 수행하게 하는 주의나 관심과는 구별된다. 물론 스트레스나 압박감은 때때로 하나님께서 우리의 인생길에 설정해놓으신 도전들을 성취해나갈 수 있도록 우리를 강하게 해준다. 사도 바울은 핍박과 역경, 감금과 같은 외부의 압력들 외에도 매일같이 "모든 교회를 위하여 염려"고후 11:28하느라 그의 마음속에 눌리는 것이 있었다. 그리고 다른 사람을 염려하며 "누가 약하면 내가 약하지 아니하며 누가 실족하게 되면 내가 애타지 아니하더냐"29절라고 말했다. 그러나 그는 교회와 다른 사람을 위한 염려 외의 다른 염려를 가지려 하지 않았다. 실제로 그는 하나님을 섬기고자 하는 사람들이 중압감으로 자신과 같이 반응하기를 원했고, 그런 인물로 평한 디모데를 빌립보 교회에 추천한다.

"이는 뜻을 같이하여 너희 사정을 진실히 생각할 자가 이 밖에 내게 없음이라"빌 2:20.

예수 그리스도를 알고 사랑하는 사람이라면 누구라도 중압감을 바울과 같이 다룰 수 있다. 반면 삶의 스트레스를 다루는 잘못된 방식은, 그것들에 대해 걱정하는 것이다. 예수님은 세 차례나 "염려하지 말라"마 6:25,31,34고 말씀하셨다. 나중에 바울은 "아무것도 염려하지 말라"빌 4:6는 말을 되풀이했다. 염려는 성경의 명령을 명백히 위반하는 것이기 때문에 죄이다.

우리는 매일의 관심들이 염려로 변질되도록, 그래서 죄가 되도록 내버려둘 때가 많다. 그런 일들은 우리가 현재의 상황에 맞는 최선의 행동 대신에 그저 미래를 바꾸는 데 초점을 맞출 때 일어난다. 실상 그러한 생각들은 역효과를 낳는다. 결국 주변의 다른 방식을 통해 우리를 통제하고 다른 책임들과 관계들에 태만하도록 만든다. 그러다보면 당연히 죄책감이 들게 마련이다. 삶 속에서 지혜로운 방법으로 염려의 감정들을 처리하지 않는다면 우리는 해답을 찾는 대신에 죄책감에 빠지거나 소망을 잃어버리게 될 것이다. 해결되지 않은 채 남아 있는 염려는 사람의 몸과 마음을 약하게 만들고, 심하면 공황발작으로 이어질 수 있다.

일부 크리스천들이 염려의 문제에 대해 내놓는 해결책들 가운데 경계할 부분이 있다. 그러한 내용을 담은 신앙 서적조차 이론적인 공식에 매달리거나 에피소드 중심이거나 심리학적으로 흐르는 경향이 있다. 읽을거리 위주일 뿐, 성경을 근거로 하지 않은 내용도 적지 않다. 성경을 언급한다 해도 대개 어쩌다 한 번이고 그나마 문맥상 정황 제시 없이 인용된다. 성경적인 개념들은 대개 한 단어로 요약되거나 "~하면, 하나님께서 반드시 ~해주신다"는 식으로 표현될 때가 많다.

그런 피상적인 접근보다 더 거슬리는 태도가 있다. 그것은 성경이 현대 심리학과 거리가 멀기 때문에 염려나 그 밖에 인생의 다른 세부적인 어려움들을 다루는 데 부적절하다고 여기며 성경을 아예 무시하는 태도이다. 즉, 예수 그리스도가 그분의 놀라운 능력으로 "생명과 경건에 속한 모든 것을 우리에게 주셨으니 이는 자기의 영광과 덕으로써 우리를 부르신 이를 앎으로 말미암음이라"벧후 1:3는 성경의 진리를 부정하는 태도이다. 나는 「그리스도 안에 있는 우리의 풍족함」Our Sufficiency in Christ에서 이 문제를 집중적으로 다루었다.

얼마 전 글로리아라는 한 젊은 크리스천 여성에 관한 글을 읽으면서, 염려로 인한 문제에 심리학적으로 접근하는 데 익숙한 신자들에게 잠재적인 위험이 있음을 분명히 깨닫게 되었다. 글로리아는 체중 문제로 오랫동안 마음고생을 해온 끝에 상담을 받기로 했다. 그녀는 달라스에 있는 한 유명한 기독교 클리닉을 찾아가 폭넓은 치료를 받기 시작했다. 그곳은 지역 기독교 방송국에 광고를 내고 있었고 유명한 크리스천 저자들이 추천한 곳이어서, 글로리아는 그곳이 당연히 믿을 만한 곳이라고 생각했다. 그러나 그것은 결국 온갖 기괴하고 말로 표현할 수 없는 범죄들에 대한 '기억'으로 그녀를 이끌고 간 악몽의 시작이었다. 글로리아의 부모는 딸의 반대를 무릅쓰고 그들을 고발하여 법정에 세웠다.

달라스의 〈D 매거진〉D Magazine은 그 사건을 심도 있게 보도했다. 그들은 글로리아의 말을 뒷받침해주거나 글로리아가 치료사의 암시에 따라 의도적으로 이끌린 것 같다는 명백한 증거는 없었다고 밝혔다. 치료사의 기록을 보면 그는 유사 '기억들'을 가지고 환자들을 상담했을 뿐이었다.

인생에서 부끄러운 비극들 중 하나는 부모에게 학대를 당하는 어린이들이 있다는 것이다. 하지만 그런 끔찍한 일이 당사자의 마음속에 얼마나 깊이 박혀 있는가에 대한 증거는 전혀 없고 오직 전문적으로 훈련받은 치료사들만이 그 심리 속에 접근할 수 있다는 것이다. 〈D 매거진〉에 인용된 전문가의 말은 다음과 같다.

"기억상실증은 외상 후 스트레스 장애에서 흔한 일은 아니지만, 그 반대의 경우는 많습니다. 즉, 그 일에 대해 선입견을 가지게 된다는 것입니다."

글로리아는 암시의 힘에 사로잡혔고 그 때문에 엄청난 대가를 치렀다. 〈D 매거진〉은 이렇게 글을 맺는다.

"체중감량을 돕고자 하는 기독교 심리학자들을 믿은 지 수년 후에 그녀는 그 어느 때보다 더 육중한 몸을 가지게 되었다. 게다가 유년 시절에 대한 기억들이 이 땅에 존재하는 지옥의 한 모습으로 왜곡되고 말았다."

그녀는 자신에게 가장 필요한 사람들과 완전히 멀어지고 말았다. 그들에 대한 고정된 생각의 틀을 갖도록 상담을 받아왔기 때문이다. 그녀는 자신의 고민을 전혀 해결하지 못했다. 과체중으로 인한 마음고생을 끝내려고 한 젊은 여성이 맞이한 참담한 결말이 아닐 수 없다.

이 이야기가 주는 교훈은 염려들을 다루는 방법과 당신이 받고자 하는 상담의 성격이 어떠한 것인지 주의 깊게 분별하라는 것이다. 기독교 서적 「걱정 없는 삶」Worry-Free Living에 쓰인 다음과 같은 제안을 당신은 어떻게 생각하는가?

아침 15분, 저녁 15분을 염려하는 시간으로 따로 떼어놓으라는 제안을 하고 싶다. 그 외의 시간에 걱정이 떠오른다면 그에 관한 몇 글자를 쪽지에 적어놓고 정해놓은 시간에 그 문제들을 처리하겠다는 다짐을 하라. 우리 모두가 느끼는 자연스러운 염려를 하루 24시간 가운데 불과 1퍼센트에 지나지 않은 계획된 시간에 국한시키는 삶도 걱정 없는 삶에 속한다.

위의 제안은 죄인들에게 '자연스럽게' 찾아드는 음란한 생각들이나 그 밖의 다른 죄들을 위한 시간을 어느 정도 정해두는 것쯤은 괜찮다고 말하고 있다! 예수님과 바울이 염려에 대해 했던 말을 기억하는가? 그들은 하루에 '두 번만' 염려하라는 제안을 하지 않았다. 그들은 '아무것도' 염려하지 말라고 강권했다.

부디 나의 말을 오해하지는 말기 바란다. 상담을 무조건 반대하는 게 아니다. 다만 크리스천을 상대로 하면서 염려와 같은 영적인 문제들을 해결하는 데 있어 비성경적인 수단을 사용하는 상담에 대해 경계하는 것이다. 한편으로는 자신이 처한 어려움에 대해 성경이 뭐라고 말하는지 알고 싶어하는 사람들의 깊은 욕구를 알기에 안타까운 심정을 가지고 있다. 그래서 나는 성경적이며 영적인 상담을 열렬히 지지한다. 따라서 교회 안에는 염려에 휩싸이고 죄책감에 시달리며 낙담하거나 두려움에 사로잡힌 이들을 돕는 은사와 자질을 갖춘 친밀한 사람들이 필요하다. 우리 교회는 성경적인 상담을 할 수 있도록 교인들을 훈련시키는 사역을 시작했고, 덕분에 서로가 개인의 문제들에 성경적인 해결책을 적용하도록 사랑으로 도울 수 있게 되었다.

중요한 문제들을 전체적인 맥락에서 생각하려면 시간이 걸린다. 성경적인 열정을 가지고 염려에 제동을 걸기 위해서는 먼저 그 주제에 관한 주요 성경 구절들을 알고 있어야 한다. 그런 다음 앞뒤 문맥 가운데에서 그 구절들을 곰곰이 생각해 보아야 한다. "그 마음의 생각이 어떠하면 그 위인도 그러한즉"잠 23:7이라고 했다. 성경 구절을 단순히 열거하거나 별 생각 없이 암송하거나 좋은 이야기를 뒷받침해주는 지지대로 사용하거나 행동을 개조하는 기술 정도로 사용해서는 안 된다.

염려와 관련해 하나님께서 말씀하신 것과 그 이유에 따라 염려에 대한 생각의 판을 다시 짤 때 우리는 다른 사람이 될 수 있다. 하나님의 귀한 말씀을 삶에 적용할 준비를 할 수 있다. 앞으로 단순히 염려하지 않게 될 것임을 아는 데서 그치지 않는다. 우리는 염려하던 일에서 자신감을 얻고 성공을 거두게 될 것이다. 그리고 그 문제에 적극적으로 다가갈 수 있다.

이 책의 제목을 「자족연습」이라고 한 것은, 염려는 극복할 수 있는 것임을 당신 스스로 알기 원하기 때문이다. 나아가 자족하는 삶은 염려로부터 자유할 수 있기 때문이다.

각 장의 끝마다 '염려를 버리고 자족하는 삶으로 이끄는 시편 말씀'을 실어놓았다. 말씀들을 죽 훑어보고 당신과 좀 더 관련이 있는 것들에 표시하라. 그렇게 표시해둔 말씀들을 다시 한 번 주의 깊게 읽으라. 깊이 있는 연구를 위해 찰스 스펄

전의 「설교의 황제 스펄전의 시편강해」The Treasury of David 제3권과 같이 시편에 관한 좋은 주석서를 준비해두는 것도 좋다. 시편 묵상과 스터디 가이드의 적용 항목을 통해 자족연습을 위한 성경적인 방법들을 살펴보게 될 것이다. 실질적인 그 방법들을 대하면서 당신 역시 시편 기자처럼 다음과 같이 말할 수 있게 될 것이라고 나는 믿는다.

"여호와여 나의 발이 미끄러진다 말할 때에 주의 인자하심이 나를 붙드셨사오며 내 속에 근심이 많을 때에 주의 위안이 내 영혼을 즐겁게 하시나이다"시 94:18-19.

존 맥아더

스터디 가이드의 활용법

...

지식을 넘어 삶 속으로

   이 책을 개인적으로 혹은 그룹을 지어 공부하기 전에 시간을 할애하여 다음의 지침들을 읽어보기 바란다.
   혼자 공부를 하고 있다면 특정 부분들을 어떻게 적용했는지, 모든 질문들에 어떻게 답했는지 개인 노트에 기록하는 것이 좋다. 이러한 반응과 생각들을 동료와 함께 나누며 공부할 경우 좀 더 풍성하고 의욕적인 경험을 하게 될 것이다.
   한 그룹의 리더라면 조원들에게 공부할 장을 미리 읽어오게 하고 모임을 갖기 전에 질문들에 대해 미리 생각해오게 하라. 사실 바쁜 성인들이 항상 이렇게 하기란 쉬운 일이 아니다. 그러므로 모임을 갖기 전에 종종 전화를 하거나 쪽지를 보내 조원들을 격려하라. 조원들이 하루 중 또는 주중에 일정한 시간을 내어 열심히 공부하고 있는지 일깨움으로써 시간을 관리할 수 있도록 도와주라. 조원들 역시 질문들에 대한 각자의 답을 노트에 기록할 수 있다. 그룹 토의를 할 때 주제에서 벗어나지 않으려면 조원들마다 이 책을 한 권씩 갖고 있는 것이 좋다.

각 코너는 다음과 같은 특징을 가지고 있다.

- **이 장의 주제**
  각 장을 간략하게 요약한 내용

- **마음 열기**
  개인이나 조원들이 해당 주제에 대해 더 잘 알 수 있도록 도와주는 활동

- **내용 탐구**
  개인의 깊이 있는 탐구나 조원들의 활발한 토의를 유도하는 질문

- **삶의 적용**
  내용 탐구를 통해 얻은 지식을 개인의 생활에 적용하도록 돕는 질문

다음은 좀 더 효과적으로 소그룹 공부를 인도하는 데 도움이 되는 몇 가지 정보들이다.

- **조원들 한 사람 한 사람을 위해 기도하라.**
  모두가 마음을 터놓고 기꺼이 이야기를 나누는 열린 분위기가 조성되게 해달라고 주님께 간구하라.

- **책은 물론 성경책을 가지고 오도록 조원들을 독려하라.**
  대조용으로 몇 가지 다른 성경 번역본을 준비하는 것도 좋다.

- **시간에 맞춰 시작하고 끝내라.**
  이것은 특히 첫 번째 모임에서 중요한데 이후에 이어지는 모임에 영향을 미치기 때문이다.

- **기도로 시작하라.**
  마음을 열고 이해를 잘하여 진리를 적용할 수 있게 해달라고 성령님께 간구하라.

- **모두의 참여를 유도하라.**
  학습자는 들으며 배운 것 중에서는 10퍼센트를, 보며 배운 것 중에서는 20퍼센트를, 듣고 보며 배운 것 중에서는 65퍼센트를 잊지 않는다고 한다. 나아가 듣고 보고 행하며 배운 것 중에서는 90퍼센트를 잊지 않는다고 한다.

- **딱딱하지 않은 환경을 조성하라.**
  의자를 원이나 반원 모양으로 정리해놓으면 조원들과 눈을 맞출 수 있고 활발한 토론을 이끌어내기 쉽다. 여유로운 태도와 편안한 방식으로 다가가라. 자신에 대해 기꺼이 나누어라.

:: 차례 ::

추천의 글 1,2 • 서문
스터디 가이드의 활용법

자족하는 삶을 누리는 첫 번째 단계
하나님의 세밀한 돌보심을 관찰하라 ⋯ 023

자족하는 삶을 누리는 두 번째 단계
기도로 염려를 피하라 ⋯ 057

자족하는 삶을 누리는 세 번째 단계
'겸손'으로 주님께 근심을 맡기라 ⋯ 080

자족하는 삶을 누리는 네 번째 단계
믿음으로 주님만을 바라보라 ⋯ 102

자족하는 삶을 누리는 다섯 번째 단계
나를 지키는 이들과 풍성한 교제를 나누라 ⋯ 123

자족하는 삶을 누리는 여섯 번째 단계
연약한 사람들, 이렇게 섬기라 ⋯ 146

자족하는 삶을 누리는 일곱 번째 단계
하나님이 누리시는 하늘의 평강을 구하라 ⋯ 168

자족하는 삶을 누리는 여덟 번째 단계
감사의 영으로 불평을 몰아내라 ⋯ 188

자족하는 삶을 누리는 아홉 번째 단계
자족하는 삶, 당신도 누릴 수 있다 ⋯ 213

지식을 넘어 삶 속으로 ⋯ 241
스터디 가이드

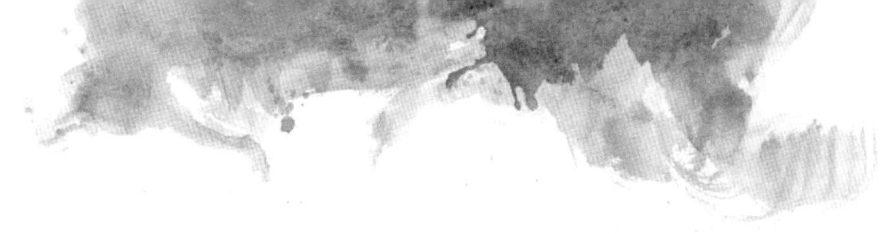

자족하는 삶을 누리는 첫 번째 단계
하나님의 세밀한 돌보심을 관찰하라

아서 코난 도일 경의 전설적인 탐정소설 「셜록 홈즈」는 소설 중에서도 많은 호기심을 자극하는 창작물 가운데 하나이다. 아주 간단히 말해 그는 비범하다. 그에 비해 잘 알려진 그의 동료 존 왓슨 박사는 평범하다. 왓슨은 종종 실수 투성이의 어수룩한 사람으로 과장되게 그려지기도 하는데, 그것은 평균의 지성을 지닌 독자들을 왓슨에 연결시키려는 작가의 의도를 벗어난다. 홈즈와 왓슨이 나누는 다음의 유명한 대화를 읽고 당신은 어느 인물을 더 닮아 있는지 생각해보라.

홈즈 : 자네는 사물을 보기만 하고 관찰은 하지 않는군. 그 차이

는 아주 명백하네. 예를 들어보세. 자네는 거실에서 이 방을 잇는 복도 층계를 자주 보았을 걸세.

왓슨 : 자주 보았지.

홈즈 : 몇 번이나 보았나?

왓슨 : 글쎄, 수백 번은 되겠지.

홈즈 : 그렇다면 계단이 몇 개나 되던가?

왓슨 : 몇 개냐고? 그야 모르지.

홈즈 : 바로 그걸세. 자네는 보기만 하고 관찰은 하지 않은 걸세. 핵심은 거기에 있네. 나는 그 계단이 17개라는 걸 알고 있네. 보기만 한 게 아니라 관찰했기 때문이지!

아마도 우리 대부분은 자신이 매일 오르내리는 계단이 몇 개나 되는지 모를 것이다. 그러므로 왓슨에 가까운 것이다. 그러나 이 대화에서 홈즈는 예수님께서 말씀하신 것 마 6:25-34과 비슷한 점을 꼬집고 있다. 예수님은 염려와 관련해 우리가 해야 할 일과 그 이유에 대해 말씀하시면서 직접적으로 염려라는 주제에 대해 언급하신다.

예수님은 우리가 홈즈처럼 주변을 잘 살피고 관찰하며 눈에 보이는 것 이면의 의미에 대해 깊이 생각해야 한다고 말씀하신다. 이것이 바로 예수님께서 우리에게 염려에서 벗어나고 싶으면 깊이 생각하라고 말씀하신 이유이다.

"그러므로 내가 너희에게 이르노니 목숨을 위하여 무엇을 먹을까 무엇을 마실까 몸을 위하여 무엇을 입을까 염려하지 말라 목숨이 음식보다 중하지 아니하며 몸이 의복보다 중하지 아니하냐 공중의 새를 보라 심지도 않고 거두지도 않고 창고에 모아들이지도 아니하되 너희 하늘 아버지께서 기르시나니 너희는 이것들보다 귀하지 아니하냐 너희 중에 누가 염려함으로 그 키를 한 자라도 더할 수 있겠느냐 또 너희가 어찌 의복을 위하여 염려하느냐 들의 백합화가 어떻게 자라는가 생각하여 보라 수고도 아니하고 길쌈도 아니하느니라 그러나 내가 너희에게 말하노니 솔로몬의 모든 영광으로도 입은 것이 이 꽃 하나만 같지 못하였느니라 오늘 있다가 내일 아궁이에 던져지는 들풀도 하나님이 이렇게 입히시거든 하물며 너희일까 보냐 믿음이 작은 자들아 그러므로 염려하여 이르기를 무엇을 먹을까 무엇을 마실까 무엇을 입을까 하지 말라 이는 다 이방인들이 구하는 것이라 너희 하늘 아버지께서 이 모든 것이 너희에게 있어야 할 줄을 아시느니라 그런즉 너희는 먼저 그의 나라와 그의 의를 구하라 그리하면 이 모든 것을 너희에게 더하시리라 그러므로 내일 일을 위하여 염려하지 말라 내일 일은 내일이 염려할 것이요 한 날의 괴로움은 그날에 족하니라."

위에서 자주 반복되는 구절인 "염려하지 말라"가 바로 주제이다. 주님은 사랑 많고 전능하신 하나님의 주권적인 돌보심에 근거하여 염려하지 말라는 명령을 내리신다.

염려의 어원

염려는 우리가 살아가면서 맞이하는 가장 흔한 유혹이라는 것을 우리 모두 인정해야 한다. 염려는 많은 이들이 가장 즐겨 찾는 일종의 심심풀이다. 염려를 하루 온종일 머리에서 떨쳐 버리지 못할 때도 있다. 이러한 염려에는 가차 없이 혹독한 대가가 따른다. 그런데 우리가 염려를 떨쳐버려야 하는 이유는 주로 심리적이고 신체적인 악영향을 피하기 위해서만은 아니다. 바로 예수님께서 우리에게 염려하지 말라고 명하시며 그것을 가리켜 분명히 죄라고 말씀하셨기 때문이다. 염려에 빠진 크리스천은 사실상 이렇게 생각하는 것이다.

'하나님, 무슨 말씀인지는 잘 알겠어요. 하지만 과연 하나님께서 염려를 뿌리째 뽑아주실 수 있으세요?'

염려란 우리가 주제넘게도 하나님의 능력과 사랑을 불신하는 것이다. 우리는 너무나 쉽게, 그리고 자주 염려에 빠지고 만다.

'염려' worry라는 말은 '억제', '억압'을 의미하는 고대 영어 wyrgan에서 유래했다. 우리의 감정이 자리잡고 있는 마음을 억압하는 게 염려라는 점에서, 그것은 적절한 말이다. 그 단어는 공황발작의 개념에도 잘 들어맞는다.

우리는 늘 무엇을 먹을까, 무엇을 마실까 염려하며 산다. 사실 염려를 정당화하고 싶다면 '어쨌거나 내가 뭐 쓸데없는 걱정을 하고 있는 게 아니잖아. 나는 지금 기본적인 것들에 대해 걱정하고 있어'라고 생각하는 편이 나을 것이다. 그러나 그것조차 크리스천이라면 해서는 안 될 생각이다. 성경을 읽을 때 우리가 배우는 한 가지 사실은, 하나님께서 그분의 자녀들이 세속적인 일이나 이 세상의 한시적인 것에 매이지 않고 그분께 몰두하기를 원하신다는 것이다. 하나님은 "위의 것을 생각하고 땅의 것을 생각하지 말라"골 3:2고 말씀하신다. 이 땅의 것에 마음을 두지 않게 하기 위해 하나님은 "기본적인 것들에 대해 염려하지 말라. 내가 그것들을 돌봐주겠다"라고 말씀하신다.

영적인 삶의 기본 원리는 우리가 이 땅에 뿌리를 박고 사는 사람이 아니라는 것이다. 하늘 아버지를 온전히 신뢰할 때 우리는 염려를 쫓아버릴 수 있다. 하나님에 대해 더욱 알아갈수록, 그분을 더욱 신뢰하게 될 것이다.

부자들은 대개 생필품들에 대해 염려하며 가지고 있는 자원들 가운데 많은 부분을 미래에 대한 대비책으로 쌓아둔다. 가난한 사람들 또한 대개 생필품에 대해 염려하지만 그것을 쌓아둘 처지가 못 된다. 아니 그렇게 할 수 없다고 말하는 게 맞다. 어쨌든 물건을 쌓아두는 것은 기본적으로 하나님을 믿고 신뢰하는 것과는 동떨어진 일로서 자신의 운명을 스스로 결정하려는 시도이다.

크리스천들조차 그런 실수를 저지를 수 있다. 신자들은 재정적으로 가족을 책임지고 돌보라는 명령을 받았다 딤전 5:8. 물론 성경은 저축, 여윳돈 투자하기 혹은 보험 가입이 하나님에 대한 신뢰가 부족함을 보여준다고 말하지 않는다. 주님이 주시는 그러한 공급은 복잡한 현대 사회를 살아가는 우리에게 합당한 안전장치가 되어준다. 그러나 그것이 전부인 것처럼 매달려서는 안 된다. 우리는 "그의 나라와 그의 의를 구하라"마 6:33는 예수님의 명령에 따라 균형을 이루며 우리 자신을 위하여 "보물을 하늘에 쌓아"20절두어야 한다. 하나님께서 그분의 거룩한 목적을 이루라고 우리에게 주신 물질 자체에 매여 생활의 염려로 인생을 낭비해서는 안 된다.

나는 현명한 계획의 필요성을 인정한다. 하지만 할 수 있는 일을 전부 했는데도 여전히 미래에 대한 두려움이 든다면 자신의 믿음을 점검해볼 일이다. 이때 주님은 말씀하신다.

"염려하지 말라."

주님은 당신에게 필요한 모든 것을 공급해주겠다는 약속을 하셨고 또 그렇게 하실 것이다.

"나의 하나님이 그리스도 예수 안에서 영광 가운데 그 풍성한 대로 너희 모든 쓸 것을 채우시리라"빌 4:19.

채움은 하나님께서 돌보셔야 할 일이지 당신이 신경 쓸 일이 아니다.

염려에 대한 예수님의 말씀
마태복음 6장 25절에서 예수님은 말씀하신다.

"목숨을 위하여 무엇을 먹을까 무엇을 마실까 몸을 위하여 무엇을 입을까 염려하지 말라 목숨이 음식보다 중하지 아니하며 몸이 의복보다 중하지 아니하냐."

헬라어 구문에서 "염려하지 말라"는 "염려를 멈추라"로 번역되고, 31절에서는 "염려를 시작하지 말라"는 의미를 갖는다. 따라서 예수님은 다음과 같은 의미로 우리에게 명령하시는 것이다.
"염려하고 있다면 멈추라."
"아직 염려하고 있지 않다면 아예 시작하지 말라."
삶에 해당하는 헬라어 psuchē는 이 땅의 삶, 육체적인 삶, 겉으로 보이는 삶의 충족과 관계가 있다. 이 한시적인 세상, 그리고 그것과 관련된 음식, 의복, 집에 대해 염려하지 말라! 예수님은 앞서 말씀하셨다.

"네 보물 있는 그곳에는 네 마음도 있느니라" 마 6:21.

이 땅의 보물에 집중하다보면 이 땅에 애착이 생기게 마련이고, 그러면 영적인 시야가 흐려져 하나님을 섬기는 일에서 멀어지게 된다. 그래서 하나님은 우리에게 필요한 것을 당신이 공급하겠다고 약속하신 것이다.

하나님의 자녀들로서 우리는 한 가지 목표, 즉 하늘의 보물을 쌓는 목표, 하나님의 목적을 이루는 하나의 비전을 가지고 있다. 돈이 아닌 하나님을 주인으로 모시고 있다 12-24절. 그러므로 이 세상의 세속적인 것들, 즉 "무엇을 먹을까 무엇을 마실까" 25절 하는 일들에 마음을 빼앗겨서는 안 된다.

어쩌면 현대 사회에서 이러한 경고는 잘 다가오지 않는 측면이 있을지도 모르겠다. 어쨌거나 마트에 가면 코너마다 실용적으로 정리된 식품들이 진열되어 있고 집집마다 마실 물이 풍족해 애당초 먹을거리에 신경 쓸 필요가 없지 않은가?

그럼 우리가 지금보다 덜 풍족한 나라에서 살고 있다면 어떨지 한번 상상해보라. 그러면 예수님께서 말씀하신 것이 그 당시 청중들에게 얼마나 충격적이었을지 실감날 것이다. 예수님의 시대에 팔레스타인에서 산다는 것은 염려할 문제가 있다는 뜻이다. 산에 눈이 오지 않는 시기가 있는데 그럴 때면 결과적으로 시내가 말랐다. 때때로 메뚜기떼가 몰려와 곡식들을 먹어치우고 그로 인해 온 땅에 기근이 돌았다. 기근이 돌 때면 수입 또한 없었고, 수입이 없으니 그 누구도 의복이나 기타 생필품들을 살 수 없었다.

그런 상황에서 예수님께서 먹을 양식에 대해 염려하지 말라고 하셨으니 그 말씀은 당시의 정황에서 강력한 말씀이 아닐 수 없었다. 확실히 그 말씀은 삶의 기본적인 것들에 대한 우리의 염려를 지적하고 있다. 그런 다음 예수님은 "목숨이 음식보다 중하지 아니하며 몸이 의복보다 중하지 아니하냐"[25절]라고 물으시면서 당신의 말씀을 강조하신다. 물론 음식이나 의복이 목숨이나 몸보다 중하지 않다. 그러나 오늘날 우리는 얼마나 광고에 따라 혹은 남들이 추구하는 모습에 따라 그 중요성을 판단하는가?

오늘날 우리 사회는 너무나 많은 사람들이 몸에 열중하고 있다. 몸을 치장하고, 몸매를 가꾸고, 화려한 옷을 갈아입고, 좋은 차를 타고, 근사한 집에서 살고, 배가 부르도록 먹고, 안락한 의자에 앉고, 보석을 주렁주렁 걸치고, 스키를 타거나 유람선을 탄다. 그러나 삶은 몸을 위한 것들에 한정할 수 있는

게 아니다. 삶은 그 모든 외적인 것들을 초월한다. 삶은 하나님으로부터 오는 것이고, 삶의 충만함은 예수 그리스도로부터 온다.

염려하지 않아도 되는 이유

예수님은 자녀들인 우리에게 이 삶에 대해 염려하지 않아도 되는 세 가지 이유를 주신다. 첫째, 하늘 아버지가 계시니 염려는 불필요한 일이다. 둘째, 믿음을 가진 자로서 염려는 크리스천의 특징이 될 수 없다. 셋째, 우리의 미래를 생각해볼 때 염려는 지혜롭지 못하다.

첫째, 하늘 아버지가 계시니 염려는 불필요한 일이다

재정과 삶의 기본적인 것들, 즉 무엇을 먹을까, 마실까, 입을까를 염려하는 것은 우리의 하늘 아버지가 어떤 분인지 생각해볼 때 불필요한 일이 된다. 하나님이 어떤 분이신지 잊었는가? 나의 자녀들은 '다음 끼니에는 뭘 먹지, 무슨 옷을 입지, 어디서 자지, 뭘 마시지' 하는 걱정을 전혀 하지 않는다. 아니 그러한 생각을 아예 할 필요가 없다. 왜냐하면 아버지인 내가 그런 것들을 그들에게 제공한다는 것쯤은 알 정도로 나에 대해 잘 알고 있기 때문이다. 그런데 정작 하나님의 자녀인

나는 그분의 신실하심을 따라가려면 한참이나 멀었다. 우리는 하나님께서 이 땅의 평범한 아버지만큼 우리를 위해 필요한 것들을 제공하신다는 사실을 믿지 못할 때가 얼마나 많은가?

하나님에 대한 생각이 제대로 정립되어 있고 그분을 삶의 주인이요, 주권자, 공급자로 보고 있다면, 그리고 사랑 많은 아버지 이상으로 보고 있다면 걱정할 게 전혀 없지 않는가? 예수님은 "너희 중에 누가 아들이 떡을 달라 하는데 돌을 주며 생선을 달라 하는데 뱀을 줄 사람이 있겠느냐 너희가 악한 자라도 좋은 것으로 자식에게 줄 줄 알거든 하물며 하늘에 계신 너희 아버지께서 구하는 자에게 좋은 것으로 주시지 않겠느냐"마 7:9-11라고 말씀하셨다.

모든 일들이 하나님의 다스림 아래에 있으므로 하나님께서 자녀들을 위해 다스리시는 일들에 안심하라. 예수님은 자연에서 관찰한 내용들을 들어 그 사실을 입증하신다.

먼저 예수님은 "공중의 새를 보라 심지도 않고 거두지도 않고 창고에 모아들이지도 아니하되 너희 하늘 아버지께서 기르시나니 너희는 이것들보다 귀하지 아니하냐"마 6:26라고 말씀하신다. 갈릴리 언덕에 올라 북쪽 끝의 아름다운 바다를 바라보며 이 말씀을 하시는 예수님의 모습을 상상해보라. 산들바람이 불어 수면에는 물결이 지고 하늘에는 태양이 밝게 빛나고 있었을 것이다. 그쪽 방면의 갈릴리 바다는 새들이 이동하는 길목으로 유명하기 때문에 아마도 예수님은 말씀하실 때 날아가는 새들의 무리를 바라보고 계셨을 것이다.

예수님은 우리가 새들에 대해 생각해보기를 원하신다. 새들은 무언가를 모으지도 않고 "먹고 살 방도를 마련해야지"라고 말하지도 않는다. 그들에게는 자아의식이나 이치를 따지는 능력이 없다. 그러나 하나님은 그들에게 살아가는 데 필요한 것을 찾는 본능 또는 비범한 능력을 심어주셨다. 하나님은 단순히 생명만 창조하신 게 아니라 그 생명을 기르신다.

어린 새들이 먹이를 달라고 하나님께 부르짖을 때 욥 38:41 ; 시 147:9, 그들은 심거나 거두거나 남는 것을 창고에 모으지 않는데도 그들의 하늘 아버지께서 그들의 소리를 들으시고 필요한 것을 공급해주신다.

그렇다고 게으름을 피워도 된다는 뜻은 아니다. 입만 크게 벌린 채 나뭇가지 끝에 앉아 있기만 하는 새를 본 적이 있는가? 벌레가 저절로 입 안에 떨어지는 일은 절대로 없다! 하나님은 먹이를 어디에서 찾을 수 있는지 아는 본능을 통해 새들을 먹이신다. 그들은 먹이를 구하기 위해 열심히 일한다. 항상 먹이를 찾아다니고 작은 곤충들을 낚아채고 둥지를 마련하고 새끼들을 돌보고 그들에게 나는 법을 가르치고 때가 되면 둥지 바깥으로 내보내고 계절에 따라 이동하는 등 바쁘게 일한다.

먹고 살려면 이 모든 일들을 해야 하지만 새들은 절대 과로

하지 않는다. 상상으로라도 새들이 이렇게 말하는 법은 없다.

"더 큰 둥지를 지을 거예요. 벌레들을 더 많이 모아야겠어요. 그런 다음 '먹자, 마시자, 그리고 즐거워하자'라고 말할 거예요."

새들은 하나님께서 계획하신 틀 안에서 일하지 결코 제멋대로 행하지 않는다. 그들은 새장에 갇혀 있을 때에만 살이 찐다. 새들은 어디 가서 먹이를 찾을지 걱정하지 않는다. 다만 먹이를 찾을 때까지 자신이 할 일을 계속한다. 하나님께서 지켜주시기 때문에 그들은 언제나 그 일을 할 수 있다. 새들은 염려할 이유가 없다. 그들이 염려하지 않는데 당신은 무슨 이유로 염려하고 있는가? 예수님은 그것을 이렇게 표현하신다.

"참새 두 마리가 한 앗사리온에 팔리지 않느냐 그러나 너희 아버지께서 허락하지 아니하시면 그 하나도 땅에 떨어지지 아니하리라 너희에게는 머리털까지 다 세신 바 되었나니 두려워하지 말라 너희는 많은 참새보다 귀하니라" 마 10:29-31.

당신이 새 한 마리보다 훨씬 더 귀하지 않는가? 그 어떤 새도 하나님의 형상으로 지음받지 않았다. 그 어떤 새도 예수 그리스도와 더불어 하나님의 후사가 되도록 지음받지 않았다. 그 어떤 새도 하늘 아버지의 집에 거할 장소가 준비되어 있지 않다. 새의 생명을 지켜주시는 하나님께서 당신 또한 돌보실 것이라는 생각이 들지 않는가? 삶이란 하나님께서 주신 선물이다. 생명이라는 엄청난 선물을 주신 하나님께서 그 생명을 유지시켜줄 좀 더 작은 선물 또한 주시지 않겠는가?

물론 새의 경우와 마찬가지로 우리 역시 일해야 한다는 것을 명심하라. 하나님은 인간이 땀을 흘려 양식을 얻도록 계획하셨기 때문이다 창 3:19. 누구든지 일하기 싫거든 먹지도 말라고 했다 살후 3:10. 하나님께서 새들의 본능을 통해 그들에게 먹이를 제공하시는 것처럼, 그분은 사람의 노력을 통해 사람에게 필요한 것을 공급하신다. 새를 바라볼 때마다 하나님의 풍성한 공급하심을 떠올려보자. 앞으로 하게 될 어떠한 염려라도 멈추라!

다음으로 예수님은 염려가 어리석은 것임을 보여주는 또 하나의 실질적인 관찰을 제시하신다.

"너희 중에 누가 염려함으로 그 키를 한 자라도 더할 수 있겠느냐" 마 6:27.

염려할 경우 수명을 늘리기는커녕 오히려 단축시키게 될 것이다. 메이요 클리닉의 공동 설립자 찰스 메이요 Charles Mayo는 염려가 순환기계와 심장, 내분비계 및 전체 신경계통에 좋지 않은 영향을 미친다는 관찰 결과를 내놓았다. 〈아메리칸 머큐리〉라는 의학 저널에서 메이요는 과로로 인해 죽은 사람은 본 적이 없지만 염려로 인해 죽은 사람은 많이 보았다고 말했다. 염려로 인해 죽음에 이를 수는 있어도 결코 수명을 늘릴 수는 없다.

우리는 어떻게 하면 오래 살 수 있을까 하는 일에 몰두하는 세상에 살고 있다. 비타민 섭취와 건강 온천, 다이어트, 운동에 관심이 지나칠 정도이다. 그러나 하나님은 우리가 얼마나 오래 살지 미리 정해놓으셨다.

"그의 날을 정하셨고 그의 달 수도 주께 있으므로 그의 규례를 정하여 넘어가지 못하게 하셨사온즉" 욥 14:5.

이 말씀은 우리가 식사나 건강에 관한 적절한 조언을 무시해야 한다는 뜻인가? 물론 아니다. 다만 그런 것은 삶의 질을 높여주지만 그 길이를 보장해주는 것은 아니다. 적절하게 운동을 하고 식사를 할 때 우리 몸과 두뇌는 더욱 활성화되고 모든 면에서 한층 더 나아질 것이다. 하지만 매일 동네를 몇 바퀴씩 돌고 건강 보조식품을 부지런히 찾아 먹을 때 하나님께서 나의 수명을 더 길게 해주실 것이라는 식으로 나 자신을 속이고 싶지는 않다.

앞으로 얼마나 더 오래 살 것인가, 내 인생에 몇 해나 더할 수 있을까 염려하는 것은 하나님을 불신하는 것이다. 하나님께 당신의 삶을 드리고 순종한다면 하나님은 풍성한 나날들을 당신에게 주실 것이다. 그렇게 살 때 당신은 하나님의 영광에 이르기까지 충만한 삶을 경험하게 될 것이다. 얼마나 길고 짧은가에 상관없이 그것이야말로 멋진 삶이 아니겠는가!

예수님은 왜 우리가 염려하면 안 되는지 자연에서 또 다른 예를 드신다.

> "또 너희가 어찌 의복을 위하여 염려하느냐 들의 백합화가 어떻게 자라는가 생각하여 보라 수고도 아니하고 길쌈도 아니하느니라 그러나 내가 너희에게 말하노니 솔로몬의 모든 영광으로도 입은 것이 이 꽃 하나만 같지 못하였느니라 오늘 있다가 내일 아궁이에 던져지는 들풀도 하나님이 이렇게 입히시거든 하물며 너희일까보냐 믿음이 작은 자들아" 마 6:28-30.

세상에서 가장 중요한 장소가 옷장인 사람들이 있다. 옷에 물릴 대로 물린 이 사람들은 입을 게 없다는 염려-성경에 나오는 그 시대의 주요 관심사-대신에 자신이 다른 사람들에게 최고의 모습으로 보이지 못하는 것, 그게 걱정이다! 비싼 값을 치르며 옷에 강한 욕심을 내는 것은 우리 사회에서 흔한 죄 가운데 하나이다.

나는 쇼핑몰들이 즐비한 거리를 걸을 때마다 매장에 걸려 있는 그 수많은 옷들을 보며 질려버리고 만다. 우리는 패션을 하나의 신神으로 만들어버렸다. 인격적인 아름다움과는 전혀 상관없는 것들을 몸에 두르고 흥청망청하고 있다.

> "너희 단장은 머리를 꾸미고 금을 차고 아름다운 옷을 입는 외모로 하지 말고 오직 마음에 숨은 사람을 온유하고 안정한 심령의 썩지 아니할 것으로 하라 이는 하나님 앞에 값진 것이니라"벧전 3:3-4.

그럼에도 불구하고 여전히 화려한 옷에 대한 미련이 남는가? 예수님은 이 세상이 줄 수 있는 그 어떤 최고의 것도 "들의 백합화"마 6:28에 비교할 수 없음을 말씀하신다. 들의 백합화란 아네모네나 글라디올러스, 수선화, 양귀비같이 갈릴리 언덕에 지천으로 핀 온갖 들꽃들을 가리키는 일반적인 용어이다. 그것들은 "수고도 아니하고 길쌈도 아니한다"28절고 했다. 화려한 옷감으로 스스로를 치장하며 "이틀 내내 주홍빛을 하고 있었으니 내일은 푸른색을 띠어야겠어"라고 말하는 꽃은 어디에도 없다.

주변에서 가장 소박한 꽃들을 찾아보라. 자유롭고 편안한 아름다움이 거기에 있지 않은가! 솔로몬 같은 대군주를 위해 만든 아무리 찬란한 옷도 현미경으로 들여다보면 얼기설기 엮은 옷감에 지나지 않는다. 그러나 꽃잎을 같은 방식으로 들여다보면 눈앞에 펼쳐진 아름다움에 정신을 빼앗기게 될 것이다. 꽃에서 좋은 모양을 본뜬 적이 있다면, 거기에는 아무리 창조적인 사람일지라도 따라가기 힘든 짜임새와 형태, 디자인, 재질, 색상이 있음을 느꼈을 것이다.

"오늘 있다가 내일 아궁이에 던져지는 들풀도 하나님이 이렇게 입히시거든 하물며 너희일까보냐"마 6:30라는 말씀을 기억하라! 들의 백합화들은 그 수명이 매우 짧다. 말라붙은 그 풀들은 다발로 묶여 이동식 요리 화로에 들어가는 값싼 연료로 사용되었다. 그러한 아름다움을 순식간에 타오르는 땔감으로 아낌없이 사용하시는 하나님께서 그분의 영원한 자녀들에게 필요한 옷을 분명히 제공하실 것이다. 이름 없는 한 시인은 이러한 교훈을 다음과 같이 간단하게 표현했다.

들꽃이 참새에게 말했네.
"염려 많은 이 인간들은
왜 조급하게 굴면서 그렇게 염려하는지
나는 정말로 알고 싶어."
참새가 들꽃에게 말했네.

"친구여, 그건 분명히 너와 나를 돌봐주시는
하늘 아버지가 그들에겐 없기 때문이 아니겠나."

둘째, 믿음을 가진 자로서 염려는 크리스천의 특징이 될 수 없다

당신은 지금 염려하고 있는가? 그렇다면 당신이 가진 믿음은 어떤 종류의 것인가? 예수님의 말씀에 따르면 그것은 '작은 믿음'마 6:30이다. 하나님의 자녀라면 그에게는 당연히 하늘 아버지가 계신다. 그런데 "뭘 먹지? 뭘 마시지? 뭘 입지?"라고 초조하게 물으며 아버지가 계시지 않는 것처럼 행동하는 것은 하나님 앞에서 불신자처럼 행동하는 것이다 31-32절.

염려하는 크리스천들은 하나님께서 그들을 구속하시고, 사탄의 속박을 깨트리시고, 그들을 지옥에서 천국으로 옮기시고, 그들에게 영원한 생명을 주셨음을 믿으면서도 그런 하나님께서 단 며칠 동안이라도 그들을 잘 지내게 하실 수 있다는 것은 전혀 생각하지 못한다. 참으로 어리석은 일이다. 우리는 하나님께서 더 큰 선물영생을 주실 것이라고 믿는다고 하면서도 죄에 걸려 넘어지고 그분이 더 작은 선물물질의 공급도 주실 수 있음을 믿지 못한다.

"염려를 너무 큰 문제로 몰아가는 건 아닌가요? 그건 사소한 잘못에 지나지 않아요"라고 항변하는 사람이 있을지 모른다. 그러나 천만의 말씀! 나는 대다수의 정신적인 질병과 일부 신체적인 질병이 모두 염려와 직접적으로 관련이 있다고 본다.

염려는 파괴적이다. 그런데 염려가 당신에게 미치는 영향보다 더 중요한 것은 그것이 하나님과 관련된다는 점이다. 염려할 때 당신은 실제로 이렇게 말하는 것이다.

"하나님, 제가 과연 하나님을 신뢰할 수 있을지 모르겠습니다."

염려는 하나님의 인격과 성품에 주먹질하는 것이다.

일부 크리스천들이 "성경의 무오설을 믿어요"라고 말하면서도 끊임없이 걱정하며 사는 모습을 보면 가슴이 아프다. 그들은 한 입으로 서로 다른 이야기를 하고 있는 것이다. 성경을 믿는다고 말하면서도 하나님께서 성경에 말씀하신 것을 과연 이루실지 걱정하는 것은 앞뒤가 맞지 않는 일이다.

염려할 때 우리는 하나님의 진리 대신 환경의 지배를 받기로 선택한 것이다. 인생의 역경과 시련은 구원의 위대함 앞에서 그 빛을 잃는다. 하나님께서 우리를 영원한 지옥에서 구해 주실 수는 있지만 삶의 실질적인 문제들에 있어서 도움을 주실 수 없다고 믿는 것은 말이 되지 않는다. 예수님은 바로 이런 사실을 우리가 깨닫기를 원하신다. 사도 바울은 이와 비슷한 갈망을 비치고 있다.

"너희 마음의 눈을 밝히사 그의 부르심의 소망이 무엇이며 성도 안에서 그 기업의 영광의 풍성이 무엇이며 그의 힘의 강력으로 역사하심을 따라 믿는 우리에게 베푸신 능력의 지극히 크심이 어떠한 것을 너희로 알게 하시기를 구하노라" 엡 1:18-19.

당신은 지금 염려하고 있는가? 그렇다면 성경으로 돌아가 다시 눈을 떠보라.

염려할 때 우리는 하늘 아버지를 믿지 못하는 것이다. 그것은 우리가 하나님을 충분히 잘 알지 못한다는 것을 의미한다. 그러나 용기를 내라! 효과적인 치료책이 있다. 하나님이 실제로 어떤 분이고 지금까지 그분의 자녀들의 필요를 어떻게 채우셨는지 알기 위해 성경 말씀을 연구하라. 그럴 때 하나님을 알게 되고 미래에 대한 자신감이 쌓일 것이다. 하나님께서 당신의 마음 가운데 거하시도록 그분의 말씀으로 늘 새로움을 유지하라. 그렇지 않으면 사탄이 그 빈 공간에 들어와 무언가에 대해 염려하도록 당신을 유혹하기 쉽다. 하나님의 자취가 성경에 기록되어 있다. 하나님은 당신의 삶에 필요한 것을 아낌없이 주는 분이시므로 염려는 불필요하고, 그분의 약속으로 인해 무의미하며, 도움이 되는 게 없기에 부질없으며, 불신자들이나 하는 믿음 없는 일임을 명심하라.

셋째, 우리의 미래를 생각해볼 때 염려는 지혜롭지 못하다

예수님은 "그러므로 내일 일을 위하여 염려하지 말라 내일 일은 내일이 염려할 것이요 한 날의 괴로움은 그날로 족하니라"마 6:34고 말씀하셨다. 다시 말해 "미래에 대해 염려하지 말라. 얼마간 문제가 있을지라도 그때에 가서 해결할 길이 있다. 미리 해결한 길은 없으니 문제가 닥쳤을 때 비로소 그것을 처리하라"는 의미이다. 내일을 준비하는 것은 바람직하지만 내일을 염려하는 것은 죄이다. 하나님은 오늘의 하나님이 되신 것처럼 내일의 하나님이 되시기 때문이다. 예레미야애가 3장 23절은 그분의 자비가 "아침마다 새로우니 주의 성실하심이 크시도소이다"라고 말했다. 그분은 하루치의 충분한 만나를 주심으로 이스라엘 자녀들을 먹이신 것처럼 우리를 먹이신다.

염려를 하다보면 그와 관련해 무언가 생산적인 일을 해내려고 지나치게 신경을 쏟으면서 오히려 무력해지고 만다. 염려되는 무언가를 찾을 때까지 온통 내일에 정신이 빼앗겨 그런 일이 일어난다. 일이 그렇게 되도록 내버려두지 말라. 주님은 오늘의 일은 오늘 처리하는 것으로 족하다고 말씀하신다. 오늘의 필요에 오늘의 자원을 사용하라. 그렇지 않으면 오늘의 기쁨을 잃게 될 것이다.

기쁨이 없는 것은 하나님의 자녀에게 일종의 죄이다. 많은 크리스천들이 내일을 염려하다가 하나님께서 오늘 그들에게 주신 승리를 잃어버리고 만다. 하나님은 그것을 온당하게 여기지 않으신다.

"이날은 여호와께서 정하신 것이라 이날에 우리가 즐거워하고 기뻐하리로다" 시 118:24.

하나님은 오늘 당신에게 인생의 빛나는 선물을 주신다. 하나님께서 주시는 자원들을 사용하면서 빛 가운데서 그날의 충만한 기쁨을 누리며 살게 하신다. 스스로를 미래로 내몰지 말고, 일어나지 않을지도 모르는 몇몇 내일 일들에 정신이 팔려 오늘의 기쁨을 빼앗기지 말라. 당신이 실제로 소유한 것은 오늘뿐이다. 왜냐하면 하나님께서 우리 중 누구에게도 내일이 오늘이 되기 전까지는 내일을 살도록 허락하지 않으셨기 때문이다. 염려나 그 밖의 죄들과 싸우고 있는 사람들에게 조언해 주는 탁월한 저서들을 쓴 제이 아담스는 「당신이 항상 염려할 때 당신은 무엇을 합니까?」What Do You Do When You Worry All the Time?에서 이런 말을 덧붙인다.

내일은 언제나 하나님께 속한 것이다. 내일을 붙들려고 할 때마다 우리는 그분의 것을 훔치려고 애쓰는 것이다. 죄인들은 자기 것이 아닌 것을 가지고 싶어하고 그러다가 스스로를 망치고 만다. 하나님은 우리에게 오직 오늘만을 주셨다. 그분은 우리가 일어날지도 모르는 일에 대해 염려하는 것을 금하신다. 염려하는 자들은 금지된 것을 원할 뿐만 아니라 현재 받은 것조차도 제대로 사용하지 못한다.

아담스는 합리적이지 못한 두려움들에 대해 말하면서 당신이 스스로에 대해 안타깝게 생각하는 모든 죄에 적용되는 지혜로운 경고를 주고 있다. 하나님께서 한 번에 하루치의 힘을 주신다는 사실을 명심하라. 그분은 필요가 발생할 때 당신에게 필요한 것을 주신다. 당신에게 지나친 짐을 지우지 않으신다. 당신이 가지고 있는 최악의 두려움은 혹시 사랑하는 사람의 죽음 앞에서 어떻게 할 것인가의 문제가 아닌가? 이런 상황에 처한 많은 크리스천들을 지켜봐온 목사로서 자신 있게 말하는데, 다음과 같은 태도를 나는 가장 많이 접했다.

"하나님께서 저를 붙들어주신 것을 생각하면 놀라울 따름입니다. 사랑하는 사람을 떠나보냈지만 그가 주님과 함께 있다는 확신이 들면서 놀라운 힘과 기쁨이 마음속에 차올랐습니다."

하나님은 필요한 시간에 우리에게 그분의 은혜를 주신다. 지금 장래에 대해 염려하고 있는가? 그렇다면 그 일을 나눌 수 있는 은혜를 누리지 못한 채 고통만 더해가고 있는 것이다.

"예수 그리스도는 어제나 오늘이나 영원토록 동일하시니라"히 13:8.

예수님은 어제 하신 일을 내일도 똑같이 행하신다. 장래에 대해 어떤 회의와 염려가 든다면 과거를 돌아보라. 그때 하나님께서 당신을 붙들어주지 않으셨던가? 그분은 장래에도 당신을 붙들어주실 것이다.

염려 대신에 올바른 관심을 가지라
다음은 예수님께서 오늘 당신에게 하시는 말씀이다.

"너희는 먼저 그의 나라와 그의 의를 구하라 그리하면 이 모든 것을 너희에게 더하시리라"마 6:33.

당신의 생각을 하나님의 수준으로 끌어올릴 때 하나님께서 육체적인 모든 필요를 돌봐주신다. 하나님은 그분의 자녀들이 세속적인 일에 매달리지 않고 자유로워지기를 원하신다. 골로새서 3장 2절만큼 이것을 직설적으로 표현하는 구절도 없을 것이다.

"위의 것을 생각하고 땅의 것을 생각하지 말라."

그러므로 물질주의 크리스천이라는 말 자체가 모순이다.

헬라어 'prōtos'는 '둘 이상의 선택사항 중에서 첫 번째'라는 뜻이다. 인생의 모든 우선순위 중에서 하나님의 나라를 추구하는 것이 으뜸이다. 하나님의 피조물에 대한 그분의 가르침을 널리 전하기 위해 당신이 할 수 있는 일을 하는 것이다. 그 일에는 "성령 안에 있는 의와 평강과 희락"롬 14:17을 통해 그리스도의 교훈이 당신의 삶에 드러나도록 추구하는 일이 포함된다.

세상 사람들이 당신의 삶에서 염려 대신에 그러한 가치들을 볼 때, 그것은 하나님의 나라가 거기에 있다는 증거가 된다. 아무리 "사람들이 구원을 받을 수 있도록 그들에게 예수님에 대해 말하고 싶다"라고 말해도 당신의 삶에 염려와 두려움의 흔적들이 있다면, 사람들은 자신들이 원하는 게 당신에게 있다는 것을 믿지 않을 것이다. 하나님의 능력에 의문을 품을 게 분명하다. 어쩌면 당신은 이미 완전함에 미달하는 그 증거들을 고통스럽게 인식하고 그 단점을 뿌리뽑고자 무슨 일인가를 도모하고 있을지 모르겠다.

하나님은 당신이 하나님을 기쁘시게 하는 일을 제일 먼저 추구하고 그 다음으로 두려움의 문제에 대해 생각하기를 원하신다. 그래서 걱정(두려움보다는 좀 덜한 형태)에 대한 이야기를 하시면서 이렇게 명령하셨다.

"너희는 먼저 그의 나라와 그의 의를 구하라 그리하면 이 모든 것을 너희에게 더하시리라" 마 6:33.

다른 어떤 일을 제일 앞에 둔다면-그것이 끔찍한 두려움을 떨쳐버리고 싶은 갈망일지라도-당신은 두 가지 목적 모두 이루지 못하게 될 것이다. 두려움에서 자유로워지기 위한 정당한 관심이라 할지라도 하나님은 두 번째 자리에 놓이실 분이 아니다.

당신의 마음은 무엇을 앞세우고 있는가? 당신은 하나님의 나라에 관심이 더 많은가, 아니면 이 세상 일에 더 관심이 많은가? 이 세상이 줄 수 있는 것을 사랑하는 것은 우리 사회에 만연한 죄이고, 크리스천인 당신도 그러한 유혹을 받은 적이 있을 것이다. 러시아의 극작가 안톤 체호프는 단편소설 「내기」The Bet에서 그 유혹의 세상을 멋지게 폭로했다.

한 가난한 변호사는 내기를 좋아하는 부자 은행가와 내기를 벌인다. 자유의지에 따라 은행가의 감독 아래에서 15년 동안 고립 감금되어 있을 경우 200만 달러를 받기로 한 것이다. 독방에 들어가고 나서 첫 해에 그가 은행가에게 넣어달라고 주문한 책들은 대부분 가벼운 성격의 것들이었다. 두 번째 해에 그는 고전만을 요청했다. 나중에 그는 독서의 폭을 넓혀 언어와 음악, 철학, 역사를 공부하기 시작했다. 10년째가 되자 수감자는 탁자에 꼼짝하지 않고 앉아서 오로지 복음서들만 읽었다. 그 다음에는 신학과 종교 역사를 읽었다. 드디어 200만 달러를 받기로 한 전날 밤 수감자는 그를 감금하고 있는 이에게 이렇게 편지를 썼다.

순수한 양심에 따라, 그리고 나를 바라보는 신 앞에 맹세코, 나는 자유와 생명과 건강을, 그리고 그대들의 책 속에서 지상의 축복이라고 부르는 모든 것들을 경멸한다고 그대들에게 단언하는 바이다.

15년 동안 나는 속세의 삶을 면밀하게 연구했다. 땅도 사람들도 보지 못한 것은 사실이지만 나는 그대들의 책 속에서 향기로운 술을 마셨고, 노래도 불렀고, 사슴이며 멧돼지를 좇아 숲으로 달려 들어가기도 했으며 여인을 사랑하기도 했다. 천재 시인들의 마법으로 창조된, 구름처럼 하늘거리는 미녀들이 밤마다 나를 찾아와 신비로운 이야기들을 속삭여주었고 나의 머릿속은 그 이야기들로 흠뻑 취하곤 했다.

그대들의 책들은 내게 지혜를 가져다주었다. 지칠 줄 모르는 인간의 사고 능력으로 몇 세기에 걸쳐 이룩해낸 모든 것들이 나의 머릿속에서 작은 언덕처럼 차곡차곡 쌓였다. 내가 그대들 누구보다도 현명하다는 것을 나는 안다.

그러나 나는 그대들의 모든 책을 경멸한다. 이 세상의 모든 행복과 지혜를 경멸한다. 그 모두가 시시하고 무상하며, 신기루처럼 공허하고 기만적이다. 그대들이 아무리 현명하고 아름답다고 해도 죽음은 그대들을 마루 밑의 쥐새끼들처럼 지상에서 쓸어버릴 것이다.

그대들은 분별력을 잃고 잘못된 길을 걷고 있다. 그대들은 거짓을 진실로 받아들이고 추악한 것을 아름다운 것으로 받아들이고 있다. 나는 하늘을 땅으로 바꾸어버린 그대들에게 놀라지 않을 수 없다.

나는 그대들이 살아가는 삶의 방식을 경멸한다는 것을 표현하기 위해, 내가 한때 천국을 꿈꾸듯 갈망했으나 이제는 하찮게 보이는 200만 달러를 거부하겠다.

수감자가 힘들게 얻은 교훈이 여기에 있다. 그러나 크리스천인 우리는 그렇게 할 필요가 없다. 우리 주님은 "은혜와 영화를 주시며 정직하게 행하는 자에게 좋은 것을 아끼지 아니하실 것"시 84:11이다. 이 세상의 것들 또는 그와 관련된 그 밖의 어떤 것에 대해서도 염려하지 말라. 셜록 홈즈가 말했듯이, 보지만 말고 '관찰'하라. 그리고 예수님께서 당신에게 관찰하라고 말씀하신 것을 기억하라. 하나님께서 사랑하시는 이들의 필요를 위해 아낌없이 돌보고 계심을 증명하는 증거들이 당신의 주변에 무수히 있다. 그것들을 관찰하라. 자족하는 삶으로 나아가는 첫걸음이 될 것이다.

염려를 버리고
자족하는 삶으로
이끄는
시편 말씀

여호와여 주는 나의 방패시요 나의 영광이시요 나의 머리를 드시는 자이시니이다 내가 나의 목소리로 여호와께 부르짖으니 그의 성산에서 응답하시는도다 (셀라) 내가 누워 자고 깨었으니 여호와께서 나를 붙드심이로다 천만 인이 나를 에워싸 진 친다 하여도 나는 두려워하지 아니하리이다 여호와여 일어나소서 나의 하나님이여 나를 구원하소서 주께서 나의 모든 원수의 뺨을 치시며 악인의 이를 꺾으셨나이다 3:3-7

· · ·

내 의의 하나님이여 내가 부를 때에 응답하소서 곤란 중에 나를 너그럽게 하셨사오니 내게 은혜를 베푸사 나의 기도를 들으소서 … 여호와께서 자기를 위하여 경건한 자를 택하신 줄 너희가 알지어다 내가 그를 부를 때에 여호와께서 들으시리로다 너희는 떨며 범죄하지 말지어다 자리에 누워 심중에 말하고 잠잠할지어다 (셀라) 의의 제사를 드리고 여호와를 의지할지어다 여러 사람의 말이 우리에게 선을 보일 자 누구뇨 하오니 여호와여 주의 얼굴을 들어 우리에게 비추소서 주께서 내 마음에 두신 기쁨은 그들의 곡식과 새 포도주가 풍성할 때보다 더하니이다 내가 평안히 눕고 자기도 하리니 나를 안전히 살게 하시는 이는 오직 여호와이시니이다 4:1,3-8

· · ·

여호와여 나의 말에 귀를 기울이사 나의 심정을 헤아려 주소서 나의 왕, 나의 하나님이여 내가 부르짖는 소리를 들으소서 내가 주께 기도하나이다 여호와여 아침에 주께서 나의 소리를 들으시리니 아침에 내가 주께 기도하고 바라리이다 … 그러나 주께 피하는 모든 사람은 다 기뻐하며 주의 보호로 말미암아 영원히 기뻐 외치고 주의 이름을 사랑하는 자들은 주를 즐거워하리이다 여호와여 주는 의인에게 복을 주시고 방패로 함같이 은혜로 그를 호위하시리이다 5:1-3, 11-12

· · ·

여호와여 주의 분노로 나를 책망하지 마시오며 주의 진노로 나를 징계하지 마옵소서 여호와여 내가 수척하였사오니 내게 은혜를 베푸소서 여호와여 나의 뼈가 떨리오니 나를 고치소서 나의 영혼도 매우 떨리나이다 여호와여 어느 때까지니이까 … 내가 탄식함으로 피곤하여 밤마다 눈물로 내 침상을 띄우며 내 요를 적시나이다 내 눈이 근심으로 말미암아 쇠하며 내 모든 대적으로 말미암아 어두워졌나이다 악을 행하는 너희는 다 나를 떠나라 여호와께서 내 울음소리를 들으셨도다 여호와께서 내 간구를 들으셨음이여 여호와께서 내 기도를 받으시리로다 6:1-3,6-9

· · ·

여호와 내 하나님이여 내가 주께 피하오니 나를 쫓아오는 모든 자들에게서 나를 구원하여 내소서 … 나의 방패는 마음이 정직한 자를 구원하시는 하나님께 있도다 … 내가 여호와께 그의 의를 따라 감사함이여 지존하신 여호와의 이름을 찬양하리로다 7:1,10,17

· · ·

여호와 우리 주여 주의 이름이 온 땅에 어찌 그리 아름다운지요 주의 영광이 하늘을 덮었나이다 … 주의 손가락으로 만드신 주의 하늘과 주께서 베풀어두신 달과 별들을 내가 보오니 사람이 무엇이기에 주께서 그를 생각하시며 인자가 무엇이기에 주께서 그를 돌보시나이까 그를 하나님보다 조금 못하게 하시고 영화와 존귀로 관을 씌우셨나이다 주의 손으로 만드신 것을 다스리게 하시고 만물을 그의 발 아래 두셨으니 8:1,3-6

내가 전심으로 여호와께 감사하오며 주의 모든 기이한 일들을 전하리이다 내가 주를 기뻐하고 즐거워하며 지존하신 주의 이름을 찬송하리니 … 주께서 나의 의와 송사를 변호하셨으며 보좌에 앉으사 의롭게 심판하셨나이다 … 여호와께서 영원히 앉으심이여 심판을 위하여 보좌를 준비하셨도다 공의로 세계를 심판하심이여 정직으로 만민에게 판결을 내리시리로다 여호와는 압제를 당하는 자의 요새이시요 환난 때의 요새이시로다 여호와여 주의 이름을 아는 자는 주를 의지하오리니 이는 주를 찾는 자들을 버리지 아니하심이니이다 9:1-2,4,7-10

· · ·

여호와여 어찌하여 멀리 서시며 어찌하여 환난 때에 숨으시나이까 … 주께서는 보셨나이다 주는 재앙과 원한을 감찰하시고 주의 손으로 갚으려 하시오니 외로운 자가 주를 의지하나이다 주는 벌써부터 고아를 도우시는 이시니이다 10:1,14

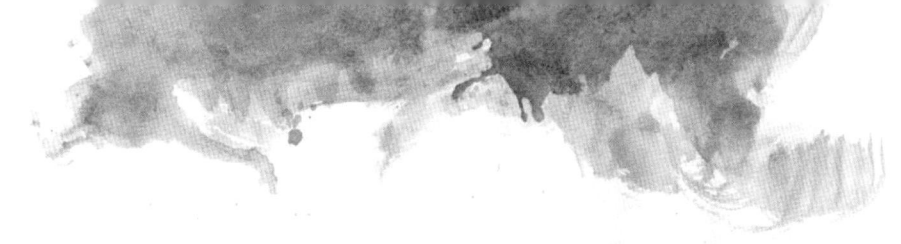

자족하는 삶을 누리는 두 번째 단계
기도로 염려를 피하라

빌립보서 4장은 염려를 피하는 방법에 대한 사도 바울의 선언서이다. 그 내용은 분명하고 사람의 마음을 두드리며 직설적인 가르침을 준다. 바울은 다음의 명령들을 제시한다.

"아무것도 염려하지 말고 다만 모든 일에 기도와 간구로, 너희 구할 것을 감사함으로 하나님께 아뢰라 그리하면 모든 지각에 뛰어난 하나님의 평강이 그리스도 예수 안에서 너희 마음과 생각을 지키시리라 끝으로 형제들아 무엇에든지 참되며 무엇에든지 경건하며 무엇에든지 옳으며 무엇에든지 정결하며 무엇에든지 사랑 받을 만하며 무엇에든지 칭찬 받을 만하며 무슨 덕이 있든지 무슨 기림이 있든지 이것들을 생각하라 너희는 내게 배우고 받고 듣고 본 바를 행하라 그리하면 평강의 하나님이 너희와 함께 계시리라"빌 4:6-9.

바울은 단도직입적으로 염려하지 말라고 말했다. 거기서 그치지 않고 긍정적인 단계로 우리를 이끌어가면서 염려가 있던 공간을 다른 것으로 채우도록 돕는다. 이를테면 바르게 기도하고, 바르게 생각하고, 바르게 행동하도록 돕는다. 나쁜 습관을 없애는 가장 좋은 방법은, 그것을 좋은 습관으로 대체하는 것이다. 걱정하는 것만큼 나쁜 습관도 없다. 걱정을 피하는 최고의 방법은 기도하는 것이다. 바르게 생각하기와 바르게 행동하기는 그 다음에 취할 논리적인 단계이다. 그 모든 것은 기도로 시작된다.

감사하는 기도로 대응하라

바울은 "오직 모든 일에 기도와 간구로, 너희 구할 것을 감사함으로 하나님께 아뢰라"6절고 말했다. 그는 지금 우리에게 감사로 기도하는 법을 가르쳐주고 있다. 이는 어려움 속에서 하나님께 드리는 구체적인 탄원을 의미한다.

의심과 낙담 또는 불만을 품고 하나님께 기도하는 대신에

말문을 열기 전부터 감사하는 태도로 그분께 다가가야 한다. 하나님은 우리가 견뎌내기에 너무나 벅찬 일들이 일어나도록 허락하지 않겠다고 하셨다 고전 10:13. 모든 일들이 결국에는 선을 이루도록 하겠다고 하셨다 롬 8:28. 고통 한가운데서 우리를 "온전하게 하시며 굳건하게 하시며 강하게 하시며 터를 견고하게" 벧전 5:10 하겠다고 하셨다. 그 약속을 깨달을 때 우리는 모든 일을 신실하게 해낼 수 있다.

크리스천의 삶에 필요한 주요 원리들이 여기에 있다. 그 원리들을 단순히 외우는 차원을 넘어 당신에게 일어나는 모든 일을 자동으로 풀이하는 잣대로 삼아라. 모든 어려움들이 하나님의 목적 안에서 일어난다는 사실을 알고 우리에게 유용한 그분의 능력과 약속들에 감사하라.

감사할 때 두려움과 걱정으로부터 자유로워질 수 있다. 감사는 당신의 상황을 하나님의 주권적인 돌보심을 믿고 맡기겠다는 확실한 표현이다. 그리 어려운 일은 아니다. 왜냐하면 감사할 거리가 매우 많기 때문이다. 이를테면 하나님께서 우리의 모든 필요들을 공급하실 것임을 아는 것 빌 4:19, 하나님께서 우리의 삶에 다가와 가까이 머무신다는 것을 아는 것 시 139:3, 우리를 돌보신다는 것 벧전 5:7, 모든 권능이 그분께 속해 있다는 것 시 62:11, 그분이 우리를 점점 더 그리스도의 모습처럼 만들고 계시다는 것 롬 8:29 ; 빌 1:7, 아무리 작은 것도 그분을 빠져나갈 수 없다는 것 시 147:5이 그것이다.

요나 선지자는 커다란 물고기 뱃속에 들어가게 되었을 때 감사하는 기도로 반응했다 욘 2:1,9. 갑자기 물고기의 위액 속에서 헤엄치게 되었을 때 당신은 어떻게 반응할 것 같은가? 아마도 이렇게 소리치지 않겠는가?

"주님, 이게 뭡니까? 하나님은 어디 계십니까? 왜 제게 이런 일이 일어나는 겁니까?"

고통에 대한 변명거리가 단 하나라도 있다면 분명히 이런 말을 하지 않겠는가? 그러나 요나는 그렇지 않았다. 그는 다르게 반응했다.

"내가 받는 고난으로 말미암아 여호와께 불러 아뢰었더니 주께서 내게 대답하셨고 내가 스올의 뱃속에서 부르짖었더니 주께서 내 음성을 들으셨나이다 주께서 나를 깊음 속 바다 가운데에 던지셨으므로 큰 물이 나를 둘렀고 주의 파도와 큰 물결이 다 내 위에 넘쳤나이다 내가 말하기를 내가 주의 목전에서 쫓겨났을지라도 다시 주의 성전을 바라보겠다 하였나이다 물이 나를 영혼까지 둘렀사오며 깊음이 나를 에워싸고 바다 풀이 내 머리를 감쌌나이다 내가 산의 뿌리까지 내려갔사오며 땅이 그 빗장으로 나를 오래도록 막았사오나 나의 하나님 여호와여 주께서 내 생명을 구덩이에서 건지셨나이다 내 영혼이 내 속에서 피곤할 때에 내가 여호와를 생각하였더니 내 기도가 주께 이르렀사오며 주의 성전에 미쳤나이다 거짓되고 헛된 것을 숭상하는 모든 자는 자기에게 베푸신 은혜를 버렸사오나 나는 감사하는 목소리로 주께 제사를 드리며 나의 서원을 주께 갚겠나이다 구원은 여호와께 속하였나이다"욘 2:2-9.

요나는 열악한 상황에서도 기도 가운데 심오한 영적 안정감을 드러내고 있다. 그는 하나님께서 작정하신다면 그분의 능력으로 그를 건져내실 것이라는 확신이 있었다. 우리가 염려하는 대신에 감사 기도로 특별하거나 평범한 환경에 반응한다면 우리 역시 하나님의 평강에 힘입어 안정감을 가질 수 있게 될 것이다. 그것은 "모든 지각에 뛰어난 하나님의 평강이 그리스도 예수 안에서 너희 마음과 생각을 지키시리라"빌 4:7는 약속이다.

이 귀한 구절은 감사하는 태도를 가지고 기도하는 신자들에게 내적인 평온과 고요함을 약속한다. 그러나 기도에 대한 응답을 약속하지는 않는다는 점에 주의하라.

'모든 지각을 뛰어넘는' 이 평강은 그 기원이 하나님께 있다고 했다. 그 평강은 인간의 지성과 분석과 통찰력을 초월한다. 그 어떤 상담가도 줄 수 없는 평강이다. 왜냐하면 그것은 감사와 신뢰에 대한 응답으로 하나님께서 주시는 선물이기 때문이다.

크리스천의 삶에서 실제로 요구되는 것은 우리의 삶에서 모든 불편한 상황을 제거하는 것이 아니라 모든 상황 속에서 주권적이고 지혜로우며 선하시고 능력 많으신 하나님을 신뢰하는 것이다. 우리의 관점이나 다른 사람들이 우리를 대하는 방식 또는 우리가 생활하고 일하는 장소와 같이 문제의 소지가 있는 것들은 실제로 우리에게 약점이 아니라 힘의 근원이 될 수 있다.

예수님은 제자들에게 말씀하셨다.

> "이것을 너희에게 이르는 것은 너희로 내 안에서 평안을 누리게 하려 함이라 세상에서는 너희가 환난을 당하나 담대하라 내가 세상을 이기었노라" 요 16:33.

그리스도의 제자로서 우리는 우리가 불완전한 세상에 살고 있다는 사실을 받아들이고 하나님께서 우리 안에서 그분의 완전한 일을 하시도록 해야 한다. 확신을 가지고 그분의 돌보심에 의탁할 때 주님은 우리에게 그분의 평강을 주실 것이다.

하나님의 평강이 "그리스도 예수 안에서 너희 마음과 생각을 지키시리라" 빌 4:7고 했다. 존 번연의 우화 「거룩한 전쟁」The Holy War은 이 평강이 어떻게 성도들의 마음을 염려와 의심, 두려움, 그리고 고뇌로부터 지켜주는지 설명한다. 미스터 '하나님의 평강' God's-Peace은 맨소울 도시를 수호하라는 임명을 받았다. 미스터 '하나님의 평강'이 다스리는 동안에 맨소울은 조화와 행복, 기쁨, 건강을 누렸다. 그러나 맨소울이 임마누엘 왕자그리스도를 아프게 했기 때문에 왕자는 떠나버리고, 결과적으로 미스터 '하나님의 평강'은 자신의 사명을 포기했고 맨소울에는 혼란이 찾아들었다.

하나님의 주권을 확신하며 살지 못하는 크리스천은 하나님의 평강을 갖지 못할 것이고 근심하는 마음에는 혼란만 남게 될 것이다. 그러나 확신을 가지고 주님을 신뢰할 때 우리는 시련 속에서도 하나님께 감사할 수 있는데, 이는 우리의 마음을 지켜주는 하나님의 평강을 소유했기 때문이다.

제2차 세계대전이 한창일 때, 무장한 한 화물선이 배에 어뢰를 맞아 조난당한 선교사를 물에서 건져냈다. 그는 짐칸에 보내졌는데 한동안은 너무나 무서워서 눈조차 제대로 감을 수 없었다고 한다. 생각을 고쳐먹어야 할 필요를 느낀 후에 그는 어떻게 그 밤을 지냈는지 말한다.

"저는 주님과 이야기를 하기 시작했습니다. 주님은 시편 121편의 말씀을 떠오르게 해주셨죠. '나의 도움은 천지를 지으신 여호와에게서로다 여호와께서 너를 실족하지 아니하게 하시며 너를 지키시는 이가 졸지 아니하시리로다 이스라엘을 지키시는 이는 졸지도 아니하시고 주무시지도 아니하시리로다' 2-4절. 그래서 저는 이렇게 말했습니다. '주님, 오늘밤 두 명이 모두 깨어 있을 필요가 있을까요? 주님께서 지켜주신다면 제가 감사히 잠깐 눈을 붙이겠습니다!'"

그는 두려움과 걱정 대신 감사하는 기도로 그를 평안히 잠들 수 있게 만든 하나님의 평강을 누렸다. 당신 역시 감사하는 태도로 하나님을 바라보는 습관을 기를 때, 평강과 안식을 누리게 될 것이다.

거룩한 가치에 초점을 맞추라

기도는 염려를 피하는 우리의 주요 도구이다. 바울은 염려하지 말라고 말한 후에 빌 4:6 두 가지 완전한 문장을 덧붙임으로써 우리가 어떻게 기도해야 하고 그로 인해 어떤 유익이 돌아올지 구체적으로 밝힌다. 헬라어를 옮긴 영어 본문은 거룩한 생각과 실천에 관한 새로운 절로 시작된다. 빌립보서 4장은 염려를 다루는 방법을 모아놓은 종합편으로 지나치게 단순화되고 잘못 전해질 때가 종종 있지만 실제로는 그보다 훨씬 큰 의미를 지닌다. 우리는 기도함으로써 근심이라는 죄를 뒤로하고 차츰차츰 새로운 방식으로 사고하고 행동하는 가운데 이전과 다른 모습이 되어야 한다. 이제 근심 너머에 있는 다음 단계들로 나아가자.

바울은 "무엇에든지 참되며 무엇에든지 경건하며 무엇에든지 옳으며 무엇에든지 정결하며 무엇에든지 사랑할 만하며 무엇에든지 칭찬할 만하며 무슨 덕이 있든지 무슨 기림이 있든지 이것들을 생각하라"8절고 썼다. 앞서 말한 것처럼 우리는 생각의 산물이다. 잠언 23장 7절의 말씀에 따르면 "그 마음의 생각이 어떠하면 그 위인도 그러한즉"이라고 했다. 안타깝게도 많은 심리학자들은 한 개인이 과거의 죄들과 상처, 학대들을 떠올림으로써 안정감을 찾을 수 있다고 믿는다. 그러한 사고방식은 기독교에까지 스며들었다. 그러나 사도 바울은 어둠의 죄를 바라보지 말고 바르고 영광스러운 것에 초점을 맞추라고 말한다 엡 5:12.

우리는 어떤 식으로 생각하고 있는가?

몇 가지 배경 지식을 얻기 위해 구원을 받기 전, 받을 때, 받은 후 우리의 사고에 대해 성경이 뭐라고 말하는지 알아보자. 구속받지 못한 사람을 묘사하면서 바울은 이렇게 썼다.

"또한 그들이 마음에 하나님 두기를 싫어하매 하나님께서 그들을 그 상실한 마음대로 내버려두사 합당하지 못한 일을 하게 하셨으니"롬 1:28.

우선, 우리의 마음은 부패했다. 더 나쁜 것은, 우리의 마음이 또한 '믿지 않는 자들의 마음을 혼미케 하는 이 세상의 신'고후 4:4 때문에 혼미해져 있다는 것이다. 그 결과 우리의 마음은 허망한 생각들에 빠지게 되었다엡 4:17. 실제로 구원을 받기 전에 우리의 마음은 "총명이 어두워지고 그들 가운데 있는 무지함과 그들의 마음이 굳어짐으로 말미암아 하나님의 생명에서 떠나"18절 있었다. 불신자들의 마음은 부패했기 때문에 옳은 것을 선택하지 못한다. 영적으로 혼미하기 때문에 무엇이 옳은지 알지 못하는 것이다. 그 생각들은 허망하기 때문에 옳은 것을 수행하지 못한다. 게다가 무지하기 때문에 행하고 있는 것이 악인지조차 알지 못한다. 꼬리에 꼬리를 무는 비극적인 생각이 아닐 수 없다!

분명하고 바르게 생각하는 능력은 하나님께서 주시는 무한한 축복으로서 "구원을 주시는 하나님의 능력"롬 1:16이다. 주님은 불신자들의 마음을 비추기 위해 복음을 사용하신다. 실제로 바울은 그 믿음이 그리스도에 관해 듣는 데서 온다고 말했다롬 10:17. 구원은 한 개인이 죄의 심각함과 자신을 위한 그리스도의 대속의 역사를 깨달으면서 그 마음속에서 시작된다. 예수님은 "네 마음을 다하며 목숨을 다하며 힘을 다하며 뜻을 다

하여 주 너의 하나님을 사랑하고 또한 네 이웃을 네 몸과 같이 사랑하라"눅 10:27고 말씀하셨다. 구원은 지적인 반응을 요구한다. 드러난 하나님의 진리를 신뢰하는 것이다. 그 진리는 삶 속에서 진실하고 합리적인 것으로 증명된 것들이다. 예수님의 말씀을 생각해보라.

"공중의 새를 보라 심지도 않고 거두지도 않고 창고에 모아들이지도 아니하되 너희 하늘 아버지께서 기르시나니 너희는 이것들보다 귀하지 아니하냐"마 6:26.

마틴 로이드 존스는 그 구절에 관한 주해에서 이렇게 설명한다.

우리 주님의 가르침에 따르면 믿음은 무엇보다 생각이다. 우리는 주님의 가르침을 관찰하고 추론하는 등 연구하는 데 더 많은 시간을 보내야 한다. 성경은 논리로 가득 차 있고, 믿음은 온통 신비주의에 싸인 어떤 것으로 생각해서는 안 된다. 안락의자에 앉아 우리에게 어떤 놀라운 일이 일어나기만을 기대해서는 안 된다. 그것은 크리스천의 믿음이 아니다. 크리스천의 믿음은 본질적으로 생각이다. 새들을 보고 그들에 대해 생각하고 추론해보라. 풀들을 바라보고 들의 백합화를 바라보며 그것들에 대해 곰곰이 생각해보라. 그럴 때 비로소 믿음은 다음과 같이 규정할 수 있다.

'하는 일마다 가시밭이고 되는 일이라고는 없는 것 같을 때에도 끝까지 생각하기를 고집하는 것.'

적은 믿음을 가진 사람의 문제는 자신의 생각을 스스로 다스리지 못하고 다른 어떤 것에 지배당한다는 것이다. 이른바 그는 다람쥐 쳇바퀴 돌듯 한다. 그것이 염려의 본질이다. 그것은 생각이 아니라 실상 생각의 부재이고 생각하는 데 실패한 것이다.

어떤 사람들은 염려가 너무 많은 생각의 산물이라고 추측한다. 그러나 실제로 그것은 올바른 방향으로 생각하기를 너무 적게 했기 때문에 생긴 결과이다. 하나님이 어떤 분이시고 그분의 목적과 약속, 그리고 계획들이 어떤 것인지 안다면 당신은 염려하지 않게 될 것이다.

믿음은 심리적인 자기최면이나 희망적인 생각이 아니라 계시된 진리에 대한 합당한 반응이다. 믿음으로 그리스도를 주님, 구주로 받아들일 때 우리의 마음은 변화된다. 성령이 우리를 새롭게 하시며 우리 안에서 역사하실 때 우리는 새로운 마음이나 사고방식을 받아들이게 된다. 거룩하고 초자연적인 생각들이 우리의 사고방식에 들어온다.

"하나님의 사정도 하나님의 영 외에는 아무도 알지 못하느니라"고 바울은 말했지만, 우리는 신자로서 세상의 영을 받지 않고 오직 하나님께로 온 영을 받았기 때문에 하나님께서 우리에게 은혜로 주신 것들을 알 수 있다 고전 2:11-12. 다시 말해, 성령이 우리 안에 거주하시기 때문에 하나님의 생각들을 갖게 되는 것이다.

그러나 우리는 여전히 타락한 세상에서 살고 있기 때문에 새로워진 마음이라 할지라도 계속해서 닦고 새롭게 해줄 필요가 있다. 예수님은, 우리의 생각을 깨끗케 하는 하나님의 주요한 매체는 곧 그분의 말씀이라고 이르셨다 요 15:3. 바울은 그러한 개념에 대해 수차례 반복해서 말했다.

"그러므로 형제들아 내가 하나님의 모든 자비하심으로 너희를 권하노니 너희 몸을 하나님이 기뻐하시는 거룩한 산 제물로 드리라 이는 너희가 드릴 영적 예배니라 너희는 이 세대를 본받지 말고 오직 마음을 새롭게 함으로 변화를 받아 하나님의 선하시고 기뻐하시고 온전하신 뜻이 무엇인지 분별하도록 하라" 롬 12:1-2.

"오직 너희의 심령이 새롭게 되어" 엡 4:23.

"새 사람을 입었으니 이는 자기를 창조하신 이의 형상을 따라 지식에까지 새롭게 하심을 입은 자니라" 골 3:10.

"범사에 헤아려 좋은 것을 취하고" 살전 5:21.

신약 성경은 바르게 생각하는 훈련을 하라고 요구한다. 바울은 "위의 것을 생각하고 땅의 것을 생각하지 말라"골 3:2고 말했다. 덧붙여 "너희 마음의 허리를 동이고 근신하여 예수 그리스도께서 나타나실 때에 너희에게 가져다주실 은혜를 온전히 바랄지어다"벧전 1:13라고 말했다.

바울이 그의 서신에서 "너희가 모르기를 내가 원치 아니하노니"롬 11:25 ; 고전 10:1 ; 고후 1:8 ; 살전 4:13, "너희가 알지 못하느냐"롬 6:3,16 ; 고전 3:16 ; 고후 13:5라는 말을 얼마나 자주 했는지 생각해보라. 그는 우리가 바르게 생각하는 것에 관심이 있었다. 예수님도 '생각하라'고 번역된 용어를 자주 사용하여 듣는 이들이 바른 초점을 가질 수 있도록 도우셨다 마 5:17 ; 18:12 ; 21:28 ; 22:42.

무엇에 대해 생각해야 하는가?

그렇다면 무엇이 바른 초점인가? "무엇에든지 참되며 … 경건하며 … 옳으며 … 정결하며 … 사랑할 만하며 … 칭찬할 만"빌 4:8한 것에 머무르는 것이다.

우리는 하나님의 말씀 안에서 참된 것을 찾을 수 있다. 예수님은 "저희를 진리로 거룩하게 하옵소서 아버지의 말씀은 진리니이다"요 17:17, 참조 시 119:151라고 말씀하셨다. 그 진리는 또한 그리스도 그분 안에 있기도 하다. "진리가 예수 안에 있는 것

같이"엡 4:21라고 바울은 말했다. 참된 것에 머무르기 위해서는 하나님의 말씀을 묵상하고 "믿음의 주요 또 온전하게 하시는 이인 예수를 바라보아야"히 12:2 한다.

본문에서 '경건하며'라고 번역된 헬라어는 고결하고, 기품 있으며, 존경할 만한 것을 가리킨다. 우리는 무엇에든지 경외하고 흠모할 만한 것-세속적인 것과는 반대되는 신성한 것-에 머물러야 한다.

'옳으며'라는 구절은 의에 대해 말하고 있다. 우리의 생각은 성경에서 보여주는 것과 같이 성령님의 영원하고 불변하며 거룩한 기준과 완벽한 조화를 이루어야 한다. 옳은 생각은 언제나 하나님의 절대적인 거룩함과 일치한다.

'정결한'이라는 말은 도덕적으로 깨끗하고 때묻지 않은 것을 가리킨다. 우리는 깨끗한 것에 머물러야 하고 더러워져서는 안 된다.

'사랑할 만한'이라고 번역된 이 헬라어는 신약 성경을 통틀어 여기에서만 나타나는 것으로서 '기쁘게 하는' 또는 '상냥한'이라는 의미를 지닌다. 그것은 우리가 무엇에든지 친절하거나 은혜로운 일들에 초점을 두어야 한다는 뜻이다.

'경건한'이라는 말은 대개 신자들에게 존경받을 만한 가치가 있는 어떤 것을 가리키지만, '좋은 평판'은 일반적으로 세상에서 존경받는 것을 가리킬 때 더 많이 쓰인다. 이 용어는 보편적으로 '용기'와 다른 사람에 대한 '경의'와 같이 칭송받는 가치들을 포함한다.

본질적으로 바울은 "저편에 매우 뛰어나고 가치 있는 일들이 아주 많이 있으므로 그것들에 초점을 맞추라"고 말하는 것이다. 경건한 가치들에 초점을 맞추는 것은 당신이 무엇을 보고-텔레비전 프로그램이나 책, 잡지와 같은 볼 거리들-누구에게, 어떻게 말할지 결정하는 데 영향을 미칠 것이다. 생각은 욕구와 행동에 영향을 미치기 때문이다.

차원 높은 이 모든 가르침들은 두려움과 염려에 어떻게 적용되는가? 제이 아담스는 다음과 같이 실질적인 권고를 한다.

당신의 마음이 금지된 영역으로 되돌아가려고 헤매는 것을 인식할 때마다 생각의 방향을 바꾸라. 단 한순간도 그러한 생각에 의식적으로 빠지지 말라. 대신 빌립보서 4장 8-9절에서 바울이 열거한 일들에 다시금 초점을 맞출 수 있게 도와달라고 하나님께 분명히 구하라. '두려움을 경험한다고 해서 뭐가 어쨌다는 거지? 불쾌하고 심란하기는 하지만 나는 그런 일을 이겨내며 살 거야. 적어도 이제까지는 항상 그래왔다고!' 하는 태도를 길러야 한다. 염려에 빠지지 않고 이런 식으로 정직하게 생각할 수 있을 때 변화가 이미 일어나고 있음을 알게 될 것이다.

배운 대로 실천하라

이 모든 경건한 생각들은 실천으로 이어져야 한다. 바울은 그것을 이렇게 표현했다.

"너희는 내게 배우고 받고 듣고 본 바를 행하라 그리하면 평강의 하나님이 너희와 함께 계시리라" 빌 4:9.

바울은 지금 반복적이거나 지속적인 행동에 대해 말하고 있다. 누군가 바이올린이나 다른 뭔가를 연습하고 있다는 것은 그 사람이 기술을 연마하기 위해 노력하고 있음을 의미한다. 의사나 변호사가 업무를 본다는 것은 그가 직업상의 일과를 보내고 있음을 뜻한다. 마찬가지로 여기서 행함 곧 '실천'은 한 사람의 생활이나 행동 유형을 가리킨다.

하나님의 말씀은 시험과 유혹이 우리를 억누르지 못하도록 막아줄 경건한 태도와 생각, 행동을 길러준다. 이 세 가지의 관계를 이해하기 위해 다음의 비유를 곰곰이 생각해보라.

한 경관이 이제 막 법을 위반하려는 누군가를 본다면 그의 행동을 저지하려고 할 것이다. 이와 비슷하게, 하나님의 말씀에 의해 만들어진 경건한 태도와 생각들은 육체가 하나님 말씀의 기준에 어긋나는 범죄를 저지르기 전에 그것을 저지하는 경관 노릇을 한다. 그러나 그런 것들이 제 역할을 하지 못한다면 육체를 저지할 수 없고 육체는 멋대로 하나님의 법을 어기게 될 것이다.

올바른 태도와 생각은 올바른 실천들에 선행해야 한다. 오직 영적인 무기들만이 육체에 맞서 싸우는 우리의 전쟁에 도움이 될 것이다 고후 10:4. 기도함으로써 염려를 피하고 그 밖의 태도를 조정함으로써 우리는 "모든 생각을 사로잡아 그리스도에게 복종하게"5절 할 수 있다.

다음 차례로, 정결한 행동이 영적인 평강과 안정감을 만들어낸다. 이사야 선지자는 "공의의 열매는 화평이요 공의의 결과는 영원한 평안과 안전이라"사 32:17고 말했다. 야고보도 "오직 위로부터 난 지혜는 첫째 성결하고 다음에 화평하고 … 화평하게 하는 자들은 화평으로 심어 의의 열매를 거두느니라"약 3:17-18고 말했다.

바울은 "너희는 내게 배우고 받고 듣고 본 바를 행하라"빌 4:9고 말했다. 그는 평강과 기쁨, 겸손, 믿음, 감사라는 영적인 열매의 예를 들어 보인다. 그는 분명히 참된 것, 경건한 것, 옳은 것, 정결한 것, 사랑할 만한 것, 그리고 좋은 평판을 지닌 것에 머물렀다. 그래서 그를 잘 알고 있는 사람들에게 자신의 삶에서 그들이 보아온 것을 실천하라고 말하는 데 당당했다.

오늘날 우리는 행동하는 데 있어 성경의 가르침을 우리의 거룩한 유형으로 삼고 있다. 우리가 바울처럼 살기는 쉽지 않지만 크리스천으로서 우리의 삶은 바울의 삶처럼 다른 사람이 따라할 만한 가치가 있는 것이어야 한다. 그렇지 않으면 어떤 사역도 할 자격이 없는 것이다. 더욱이 크리스천으로서 우리 모두는 단순히 '말씀을 듣는 자'가 아니라 '말씀을 행하는 자'로 스스로를 증명해야 한다 약1:22.

시련 중에 영적인 안정을 누리는 것에 대해 이야기하는 가운데 바울은 "평강의 하나님이 너희와 함께 계시리라"빌 4:9고 말했다. 기도함으로써 염려를 피하라! 우리가 그러한 실천을 따를 때 "모든 지각에 뛰어난 하나님의 평강이 그리스도 예수 안에서 우리의 마음과 생각을 지키실"7절 것이다. 이보다 더 염려로부터 우리를 지켜줄 게 무엇이 있겠는가?

염려를 버리고
자족하는 삶으로
이끄는
시편 말씀

내가 여호와께 피하였거늘 너희가 내 영혼에게 새같이 네 산으로 도망하라 함은 어찌함인가 … 터가 무너지면 의인이 무엇을 하랴 11:1,3

• • •

여호와여 어느 때까지니이까 나를 영원히 잊으시나이까 주의 얼굴을 나에게서 어느 때까지 숨기시겠나이까 나의 영혼이 번민하고 종일토록 마음에 근심하기를 어느 때까지 하오며 내 원수가 나를 치며 자랑하기를 어느 때까지 하리이까 여호와 내 하나님이여 나를 생각하사 응답하시고 나의 눈을 밝히소서 두렵건대 내가 사망의 잠을 잘까 하오며 … 나는 오직 주의 사랑을 의지하였사오니 나의 마음은 주의 구원을 기뻐하리이다 내가 여호와를 찬송하리니 이는 주께서 내게 은덕을 베푸심이로다 13:1-3,5-6

• • •

하나님이여 나를 지켜주소서 내가 주께 피하나이다 내가 여호와께 아뢰되 주는 나의 주님이시오니 주 밖에는 나의 복이 없다 하였나이다 … 여호와는 나의 산업과 나의 잔의 소득이시니 나의 분깃을 지키시나이다 … 나를 훈계하신 여호와를 송축할지라 밤마다 내 양심이 나를 교훈하도다 내가 여호와를 항상 내 앞에 모심이여 그가 나의 오른쪽에 계시므로 내가 흔들리지 아니하리로다 이러므로 나의 마음이 기쁘고 나의 영도 즐거워하며 내 육체도 안전히 살리니 … 주께서 생명의 길을 내게 보이시리니 주의 앞에는 충만한 기쁨이 있고 주의 오른쪽에는 영원한 즐거움이 있나이다 16:1-2,5,7-9,11

. . .

나의 힘이신 여호와여 내가 주를 사랑하나이다 여호와는 나의 반석이시요 나의 요새시요 나를 건지시는 이시요 나의 하나님이시요 내가 그 안에 피할 나의 바위시요 나의 방패시요 나의 구원의 뿔이시요 나의 산성이시로다 … 사망의 줄이 나를 얽고 불의의 창수가 나를 두렵게 하였으며 … 내가 환난 중에서 여호와께 아뢰며 나의 하나님께 부르짖었더니 그가 그의 성전에서 내 소리를 들으심이여 그의 앞에서 나의 부르짖음이 그의 귀에 들렸도다 … 그가 높은 곳에서 손을 펴사 나를 붙잡아주심이여 많은 물에서 나를 건져내셨도다 … 나를 넓은 곳으로 인도하시고 나를 기뻐하시므로 나를 구원하셨도다 … 주께서 나의 등불을 켜심이여 여호와 내 하나님이 내 흑암을 밝히시리이다 내가 주를 의뢰하고 적군을 향해 달리며 내 하나님을 의지하고 담을 뛰어넘나이다 하나님의 도는 완전하고 여호와의 말씀은 순수하니 그는 자기에게 피하는 모든 자의 방패시로다 … 나의 발을 암사슴 발 같게 하시며 나를 나의 높은 곳에 세우시며 … 여호와는 살아계시니 나의 반석을 찬송하며 내 구원의 하나님을 높일지로다 18:1-2,4,6,16,19,28-30,33,46

･･･

여호와의 율법은 완전하여 영혼을 소성시키며 여호와의 증거는 확실하여 우둔한 자를 지혜롭게 하며 여호와의 교훈은 정직하여 마음을 기쁘게 하고 여호와의 계명은 순결하여 눈을 밝게 하시도다 … 나의 반석이시요 나의 구속자이신 여호와여 내 입의 말과 마음의 묵상이 주님 앞에 열납되기를 원하나이다 19:7-8,14

･･･

내 하나님이여 내 하나님이여 어찌 나를 버리셨나이까 어찌 나를 멀리하여 돕지 아니하시오며 내 신음소리를 듣지 아니하시나이까 내 하나님이여 내가 낮에도 부르짖고 밤에도 잠잠하지 아니하오나 응답하지 아니하시나이다 이스라엘의 찬송 중에 계시는 주여 주는 거룩하시니이다 우리 조상들이 주께 의뢰하고 의뢰하였으므로 그들을 건지셨나이다 그들이 주께 부르짖어 구원을 얻고 주께 의뢰하여 수치를 당하지 아니하였나이다 … 여호와여 멀리하지 마옵소서 나의 힘이시여 속히 나를 도우소서 내 생명을 칼에서 건지시며 내 유일한 것을 개의 세력에서 구하소서 … 내가 주의 이름을 형제에게 선포하고 회중 가운데에서 주를 찬송하리이다 여호와를 두려워하는 너희여 그를 찬송할지어다 야곱의 모든 자손이여 그에게 영광을 돌릴지어다 너희 이스라엘 모든 자손이여 그를 경외할지어다 그는 곤고한 자의 곤고를 멸시하거나 싫어하지 아니하시며 그의 얼굴을 그에게서 숨기지 아니하시고 그가 울부짖을 때에 들으셨도다 22:1-5,19-20,22-24

· · ·

여호와는 나의 목자시니 내게 부족함이 없으리로다 그가 나를 푸른 풀밭에 누이시며 쉴 만한 물가로 인도하시는도다 내 영혼을 소생시키시고 자기 이름을 위하여 의의 길로 인도하시는도다 내가 사망의 음침한 골짜기로 다닐지라도 해를 두려워하지 않을 것은 주께서 나와 함께하심이라 주의 지팡이와 막대기가 나를 안위하시나이다 … 내 평생에 선하심과 인자하심이 반드시 나를 따르리니 내가 여호와의 집에 영원히 살리로다 23:1-4,6

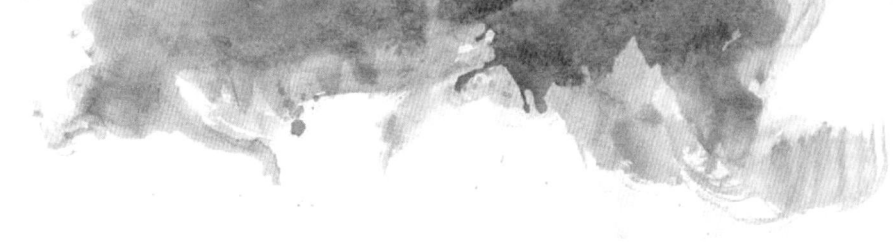

자족하는 삶을 누리는 세 번째 단계
'겸손'으로 주님께 근심을 맡기라

베드로 사도는 걱정이 많은 사람이었다. 그는 예수님이 바로 앞에 있는데도 물 위를 걸을 때 물에 빠질까봐 걱정했다 마 14:29-31. 겟세마네 동산에서는 예수님께 무슨 일이 일어날까봐 걱정했다. 그래서 검을 빼들어 로마 병사들에게 대항하려고 했다 요 18:2-3,10. 걱정은 결코 현명한 게 못 된다! 예를 들어, 베드로는 예수님께서 십자가에 달리시는 것을 걱정한 나머지 전능하신 하나님인 예수님께 감히 십자가의 길을 가지 마시라고 말했다 마 16:22. 그렇지만 베드로는 염려로 인해 계속되는 문제들을 겪음에도 불구하고 그것을 다루는 법을 배웠다. 그는 우리에게 다음과 같은 교훈을 전해준다.

"서로 겸손으로 허리를 동이라 하나님은 교만한 자를 대적하시되 겸손한 자들에게는 은혜를 주시느니라 그러므로 하나님의 능하신 손 아래에서 겸손하라 때가 되면 너희를 높이시리라 너희 염려를 다 주께 맡기라 이는 그가 너희를 돌보심이라" 벧전 5:5-7.

문맥상 5-14절은 베드로가 보낸 첫 번째 서신의 마지막 부분이다. 이 구절은 '영적 성숙에 꼭 필요한 태도'라고 이름을 붙여도 썩 어울릴 것이다. 나는 모든 신실한 크리스천들이 '영적으로 성숙하고 싶다', '영적인 영향력을 갖고 싶다', '하나님께서 내게 원하시는 모습이 되고 싶다'는 생각을 가지고 있다고 본다. 그러한 갈망을 갖는 것은 바람직하다. 그러나 영적 성숙은 당신과 내가 우리의 삶을 오직 특정한 토대 위에 세울 때 비로소 가능하다. 우리는 겸손에 초점을 맞추어야 한다. 오직 겸손을 통해서만 우리의 모든 걱정들을 하나님께 온전히 넘겨드릴 수 있는 능력이 생기기 때문이다.

겸손한 태도를 개발하라

하나님께서 누구에게나 맞는 딱 한 가지 사이즈의 옷을 만드셨다는 사실을 알고 있는가? 뉴올리언스를 방문했을 때 나를 억척스럽게 붙들고 늘어진 한 여자 점원이 지금도 생생하게 기억난다. 그녀는 "일단 들어와 보세요. 사고 싶으신 게 분명히 있을 거예요"라고 말하며 나를 자기 가게로 끌고 들어갔다. 가게 안을 둘러보니 거기에는 여자 옷들밖에 없었다. 나는 "저는 기본 원칙이 있어요. 저를 위해 여자 옷을 사지는 않아요. 아내를 위해서도 여자 옷을 사지 않아요. 아내의 마음에 들지 않는 옷을 살 게 뻔하니까요. 게다가 저는 이 동네 사람도 아니에요"라고 말했다. 그녀는 재빨리 이렇게 대꾸했다.

"음, 그것은 문제가 되지 않아요. 여기 이 옷들은 누구에게나 맞거든요."

나는 속으로 '누구에게나 맞는 옷이라면 사가지고 가도 아내가 뭐라고 하지는 않겠지'라고 생각했다.

그러나 모두에게 맞는 한 가지 사이즈의 옷이라고 선전할 수 있는 옷은 세상에 딱 하나밖에 없다. 그것은 바로 '겸손의 옷'으로서 모든 성도들은 그것을 입으라는 명을 받았다.

다른 사람들을 향한 겸손

베드로는 "서로 겸손으로 허리를 동이라"벧전 5:5고 말할 때 마음속에 구체적인 한 장면을 떠올렸다. 그는 끈이나 매듭으로 자신에게 무언가를 맨다는 의미를 지닌 헬라어를 사용했다. 그것은 특별히 작업용 앞치마를 가리키게 되었다. 우리가 지저분한 허드렛일을 할 때 앞치마를 두르듯이 노예들은 청결함을 유지하기 위해 옷 위에 앞치마를 둘렀다. 그 단어는 겸손한 봉사와 동의어가 되었다.

겸손은 나 자신이 다른 사람들을 섬기기에 넘치도록 훌륭하지 않다는 태도, 곧 내 아래에 있는 것처럼 보이는 일들을 다루기에 지나치게 위대하지 않다는 태도이다. 고대 사람들은 겸손을 미덕으로 여기지 않았다. 안타깝게도 우리는 이 점에 있어 그 시대로 돌아가고 있다. 오늘날 겸손한 사람들은 조롱당하고 무시를 받는다. 세상은 그들을 겁쟁이라고 부르고 대신에 자랑을 찬양한다.

요한복음 13장에 기록된 사건을 떠올려보라. 거기서 예수님은 "저녁 잡수시던 자리에서 일어나 겉옷을 벗고 수건을 가져다가 허리에 두르시고 이에 대야에 물을 떠서 제자들의 발을 씻으시고 그 두르신 수건으로 닦기를 시작"[4-5절]하셨다.

여기 그 장면을 재현해보자. 제자들은 더러운 발을 씻지도 않은 채 이제 막 저녁을 먹으려고 한다. 그것은 바닥 매트 위에 비스듬히 누워 식사를 하던 고대 근동 지방에서 문제 있는 행동이었다. 인원이 어느 정도 되면, 한 사람의 머리가 다른 사람의 발 가까이에 놓일 수 있기 때문이다. 그래서 식사를 하기 전에 집에서 제일 지위가 낮은 사람이 다른 모든 사람의 발을 씻겨주는 것이 관례가 되었다.

그런데 제자들 중 아무도 이런 종의 역할을 하려고 나서지 않자 예수님께서 모두에게 겸손한 봉사의 본을 보이며 직접 그 일을 하려고 나서신 것이다. 우리는 각자 다른 사람의 필요를 채워줄 때 어떤 일도 우리 아래 있는 것으로 여기지 않고 서로를 향한 겸손이라는 옷을 입어야 한다. 누군가가 나서서 궂은 일을 할 때까지 기다리지 말라.

이러한 교훈을 주는 또 다른 본문이 있다.

> "아무 일에든지 다툼이나 허영으로 하지 말고 오직 겸손한 마음으로 각각 자기보다 남을 낫게 여기고 각각 자기 일을 돌볼 뿐더러 또한 각각 다른 사람들의 일을 돌보아 나의 기쁨을 충만하게 하라 너희 안에 이 마음을 품으라 곧 그리스도 예수의 마음이니" 빌 2:3-5.

다른 누군가를 나 자신보다 더 중요하게 여기는 것은 우리가 도전해야 할 하나의 과제이다. 교만과 이기심은 타락한 인간의 육체 안에 자연스레 거하게 마련이다. 여기서 예수님은 다시 우리의 본이 되어주신다. 베드로는 어떻게 그리스도가 하늘 아버지와 더불어 높임을 받는 상태에 계시다가 우리를 섬기기 위해 수치스러운 죽음에 이르기까지 자신을 낮추셨는지 계속해서 이야기했다 6-8절. 겸손의 축복을 누리는 첫걸음은 가치 없는 것들조차 섬기기 위해 자신을 낮추는 것이다.

하나님을 향한 겸손

서로를 향해 겸손의 옷을 입으라는 간곡한 권고를 하기 위해 베드로는 다음의 구절을 구약 성경 잠 3:34에서 인용했다.

"하나님이 교만한 자를 대적하시되 겸손한 자들에게는 은혜를 주시느니라" 벧전 5:5.

위 말씀은 겸손을 보이는 일에 강렬한 동기를 부여해주는 구절이다. 스스로를 낮춘다면 복을 받을 것이고, 그렇지 않다면 벌을 받을 것이다.

왜 하나님은 교만을 대적하실까? 매우 간단히 말해, 그분은 교만을 싫어하신다. 잠언 6장 16절에 따르면 "여호와의 미워하시는 것 곧 그의 마음에 싫어하시는 것이 예닐곱 가지이니"라고 했다. 그중 제일 앞에 오는 게 바로 "교만한 눈" 17절이다. 하나님께서 그토록 교만을 미워하시는 강력한 이유는 인류의 타락을 가져온 죄가 바로 교만이기 때문이다. 교만은 그러한 파멸을 야기한 유혹자가 지닌 치명적인 결점이기도 하다. 교만에 찬 루시퍼는 그의 마음에 이렇게 말했다.

"네가 네 마음에 이르기를 내가 하늘에 올라 하나님의 뭇별 위에 내 자리를 높이리라 내가 북극 집회의 산 위에 앉으리라 가장 높은 구름에 올라가 지극히 높은 이와 같아지리라 하는도다"사 14:13-14.

하나님의 은혜는 겸손한 자의 몫이다.

"지극히 존귀하며 영원히 거하시며 거룩하다 이름하는 이가 이와 같이 말씀하시되 내가 높고 거룩한 곳에 있으며 또한 통회하고 마음이 겸손한 자와 함께 있나니 이는 겸손한 자의 영을 소생시키며 통회하는 자의 마음을 소생시키려 함이라"사 57:15.

하나님은 높은 곳에 사신다. 그런데 누가 그분과 함께 사는가? 높고 힘 있는 자가 아니라 낮은 자이다.

하나님은 이사야에게 "무릇 마음이 가난하고 심령에 통회하며 내 말을 듣고 떠는 자 그 사람은 내가 돌보려니와"사 66:2라고 말씀하심으로써 전하고자 하는 메시지의 결론을 내셨다. 하나님은 겸손한 자를 축복하시지만 교만한 자는 대적하신다. 사람들이 자신의 삶을 고쳐보려고 애쓰지만 아무도 거기서 해방되지 못하고 걸려 넘어지는 모습을 보면 안타깝다. 그들은 문제를 해결할 어떤 방법을 찾기 위해 하나님의 은혜를 경험하기에 앞서 그분의 교정의 손길을 경험한다. 이는 그들이 교만하기 때문이다.

베드로는 "그러므로 하나님의 능하신 손 아래에서 겸손하라 때가 되면 너희를 높이시리라"벧전 5:6고 권고한다. 결국 이 의미는 "사람아 주께서 선한 것이 무엇임을 네게 보이셨나니 여호와께서 네게 구하시는 것이 오직 정의를 행하며 인자를 사랑하며 겸손하게 네 하나님과 함께 행하는 것이 아니냐"미 6:8인 것이다. 결코 하나님의 지혜와 겨루어서는 안 된다. 대신 하나님께서 그분의 손길을 통해 당신의 삶에 가져다주신 것을 겸손하게 받아들여야 한다.

'하나님의 능하신 손'이란 구약 성경에서 하나님의 다스리는 능력을 상징한다. 겸손한 사람은 하나님께서 항상 직접 그분의 주권적인 목적을 이루어가고 계심을 알고 있다. 그러나 그러한 인식은 숙명론적인 태도로 하나님께 굴복하는 데 이르러서는 안 된다. 이를테면, "하나님, 너무나 능하신 하나님을 제가 무슨 수로 만족시켜드릴 수 있겠습니까? 우주의 벽에 머리를 들이박는 게 무슨 소용이 있냐고요" 하는 태도이다. 아마 800년이 넘도록 그러한 태도를 '루바이야트'Rubaiyat의 오마르 카이얌Omar Khayyám보다 더 비틀리게 묘사한 사람도 없을 것이다.

낮과 밤이 엇갈리는 장기판 위에

하나님이 놀며 두는 힘 없는 말들,
이리저리 옮기면서 장군 멍군 찾다가
하나씩 죽어서는 골방으로 들어가네

타구장의 공 처지에 가타부타가 있겠는가
치는 이의 뜻을 따라 이리저리 굴러갈 뿐,
우리를 이 세상에 몰고 오신 분
그분만이 모든 것을 알고 계시리

운명을 기록하는 신의 손가락
쉴 새 없이 움직이며 기록을 하네
기도나 잔꾀로야 한 줄이나 지우겠는가
눈물로 호소한들 한마디나 씻겠는가
(69-71연)

 그렇다. 하나님은 전권을 지니셨다. 일부 공상과학 영화에 나오는 가공의 인물들과는 달리 그분은 유일하며 전능하신 존재이다. 하나님은 케이얌이 썼던 모든 일들과 그 이상의 일들을 하실 수 있지만, 우리에게 마음을 쓰신다는 점이 균형을 이루는 요소로 작용한다.
 성경에서 하나님의 능력을 나타내는 능하신 손은 시대마다 다른 의미를 지녔다. 때때로 그것은 애굽에서 탈출한 이스라엘의 경우처럼 구원을 가리킨다 출 3:20. 그것은 시험의 시간을 지나는 성도들을 보호해주는 방패 역할을 한다.

욥기에서 구체적인 예를 찾아보자. 끔찍한 고통 한가운데서 욥은 비참하게도 결코 해서는 안 된다고 배워왔음에 틀림없는 일을 함으로써 가뜩이나 심한 고통을 가중시켰다. 그는 하나님의 능하신 손이 그에게 가져다준 것을 분명하게 원망하며 하나님의 지혜와 논쟁했다. 그의 비탄어린 말 저변에서 부글부글 끓고 있는 인간의 원초적인 감정을 느껴보라.

"내가 주께 부르짖으나 주께서 대답하지 아니하시오며 내가 섰사오나 주께서 나를 돌아보지 아니하시나이다 주께서 돌이켜 내게 잔혹하게 하시고 힘 있는 손으로 나를 대적하시나이다 나를 바람 위에 들어 불려가게 하시며 무서운 힘으로 나를 던져버리시나이다 내가 아나이다 주께서 나를 죽게 하사 모든 생물을 위하여 정한 집으로 돌려보내시리이다" 욥 30:20-23.

아마도 욥은 자신이 케이얌의 체스 말 가운데 하나 같다는 느낌을 가졌을 것이다. 여기서 하나님의 능하신 손이란 구원의 손이 아니라 제련사의 불처럼 욥의 믿음을 정금으로 나오게 하는 시험도구이다. 욥의 비관적인 기대와는 반대로 그 일은 정확히 일어났다. 일단 하나님께서 그를 낮추시자 욥은 이렇게 고백했다.

> "무지한 말로 이치를 가리는 자가 누구니이까 나는 깨닫지도 못한 일을 말하였고 스스로 알 수도 없고 헤아리기도 어려운 일을 말하였나이다 … 내가 주께 대하여 귀로 듣기만 하였사오나 이제는 눈으로 주를 뵈옵나이다 그러므로 내가 스스로 거두어들이고 티끌과 재 가운데에서 회개하나이다"42:3,5-6.

욥은 이렇게 말하고 있는 것이다.
"하나님, 전에는 보지 못했던 당신의 모습을 이제 봅니다! 저의 이해력이 너무나 제한적이었음을 알게 되었습니다. 하지만 이제 당신을 무조건 믿을 수 있음을 압니다."

우리는 욥이 치렀던 싸움을 똑같이 겪지 않고도 그와 동일한 교훈을 얻을 수 있다. 바울은 "무엇이든지 전에 기록한 바는 우리의 교훈을 위하여 기록된 것이니 우리로 하여금 인내로 또는 성경의 안위로 소망을 가지게 함이니라"롬 15:4고 말했다. 당신의 삶에 임하는 하나님의 능하신 손을, 결코 당신의 뺨을 때리는 하나님의 매운 손으로 보지 말고 소망을 위한 근원으로 보라. 하나님께서 자녀인 당신을 향해 오직 선한 의도만을 가지고 계심을 깨달으라. 그러므로 현재의 상황에서 좋은 결과들을 보게 될 것이라는 기대를 하라. 그러한 태도를 가질 때 염려는 지속될 만한 힘을 잃는다.

우리 자신을 하나님의 능하신 손 아래에 낮출 때 하나님께서 "때가 되면 너희를 높이시리라" 벧전 5:6고 바울은 말했다. 여기서 때가 된다는 것은 무슨 뜻인가? 그것은 그분의 때이지 우리의 때가 아니다. 그 때는 언제 오는가? 하나님께서 그분의 목적을 이루실 때이다. 지금은 그 때가 조금은 모호해 보일지 모르지만 그렇다고 그것을 염려에 대한 변명으로 삼을 수 없다. 하나님은 온전한 때를 가지고 계신다. 실제로 우리의 구원은 그분의 온전한 때에 달려 있다. 영원한 삶에 대한 소망은 예수 그리스도를 통해 하나님께서 나타내신 그분의 때에 있다고 바울은 구체적으로 말했다 딛 1:2-3. 하나님의 때를 신뢰한다는 것은 크리스천의 믿음에 있어 가볍거나 피상적인 문제가 아니다.

적절한 때에 하나님은 우리를 높이실 것이다. 바울은 현재 어려움으로부터 우리를 들어올림을 말하는 헬라어 단어를 사용했다. 아무리 최악의 시련일지라도 그것은 크리스천들에게 잠시 지나가는 것에 불과하다. 그 점을 기억하라. 끝이 시야에 들어오지 않는다고 해서 끝이 없다고 결론짓고 싶은 유혹을 받게 될 것이기 때문이다. 잠시라도 그것을 믿지 말라. 하나님은 당신을 들어올리겠다고 약속하신다.

우리는 약속된 구원의 때에 이르기까지 어떻게 처신해야 하는가? 베드로는 "겸손하라 … 너희 염려를 다 주께 맡기라 이는 그가 너희를 돌보심이라"^{벧전 5:6-7}고 말했다.

신뢰하는 법을 배우라

겸손하기 위해서는 돌보시는 하나님에 대한 확신이 필요하다. 하나님께서 나를 돌보신다는 생각을 하지 못한다면 과연 자신을 하나님의 압박 아래에 낮출 수 있겠는가? 그러나 나는 하나님께서 나를 돌보신다는 것을 알기에 그렇게 할 수 있다. 베드로는 신뢰하는 태도를 가지라고 말했다. 신뢰의 기초는 하나님께서 우리에게 반복적으로 보여주신 사랑의 돌보심에 있다. "주님, 제가 곤란에 처했습니다. 이 시련을 어떻게 헤쳐 나갈지 모르겠습니다. 하지만 당신이 저를 돌보신다는 것을 알기에 모든 것을 당신께 넘겨드립니다"라고 더듬거리며 말할 수 있을 때 당신은 염려를 그분께 맡기는 것이다.

'맡긴다'라고 번역된 단어는 말 위에 얹는 담요처럼 어떤 물건 위에 다른 무언가를 걸치는 것을 묘사할 때 사용되었다^{눅 19:35}. 당신의 모든 염려-앞으로 겪게 될 모든 불만족, 낙담, 절망, 회의, 고통, 고난-를 들어 하나님께 던져라. 하나님을 신뢰하기 위해 그것을 대가로 내놓으라. 그분은 실제로 당신을 돌보아주신다.

한나가 바로 그런 일을 했다. 그녀에게는 자식이 없었는데 그것은 고대 유대인 여성에게 보통 심각한 문제가 아니었다. 사무엘상은 그녀가 그 문제 앞에서 어떻게 했는지 말해주고 있다.

"한나가 마음이 괴로워서 여호와께 기도하고 통곡하며 서원하여 이르되 만군의 여호와여 만일 주의 여종의 고통을 돌보시고 나를 기억하사 주의 여종을 잊지 아니하시고 주의 여종에게 아들을 주시면 내가 그의 평생에 그를 여호와께 드리고 삭도를 그의 머리에 대지 아니하겠나이다 그가 여호와 앞에 오래 기도하는 동안에 엘리가 그의 입을 주목한즉 한나가 속으로 말하매 입술만 움직이고 음성은 들리지 아니하므로 엘리는 그가 취한 줄로 생각한지라 엘리가 그에게 이르되 네가 언제까지 취하여 있겠느냐 포도주를 끊으라 하니 한나가 대답하여 이르되 내 주여 그렇지 아니하니이다 나는 마음이 슬픈 여자라 포도주나 독주를 마신 것이 아니요 여호와 앞에 내 심정을 통한 것뿐이오니 당신의 여종을 악한 여자로 여기지 마옵소서 내가 지금까지 말한 것은 나의 원통함과 격분됨이 많기 때문이니이다 하는지라 엘리가 대답하여 이르되 평안히 가라 이스라엘의 하나님이 네가 기도하여 구한 것을 허락하시기를 원하노라 하니 이르되 당신의 여종이 당신께 은혜 입기를 원하나이다 하고 가서 먹고 얼굴에 다시는 근심 빛이 없더라"삼상 1:10-18.

그녀에게 무슨 일이 일어났는가? 왜 그녀는 더 이상 슬퍼하지 않았는가? 상황은 달라진 게 없었지만 주님께 근심을 던졌을 때 그녀는 변화되었다. 그 후 얼마 지나지 않아 하나님은 그녀에게 아들 사무엘을 주시는 축복을 내리셨고, 그 아이는 자라서 하나님의 위대한 인물이 되었다. 하나님은 또한 그녀에게 다른 세 아들과 두 딸을 주셨다. 한나 자체가 증거이다. 하나님의 사랑 많으신 관심에 당신의 모든 염려들을 맡기며 그분의 능하신 손 아래에 몸을 낮출 때 하나님께서 적당한 때에 당신을 높이실 것이다.

베드로가 첫 번째 서신을 쓰면서 시편 55편 22절을 마음에 두었음이 틀림없다고 나는 생각한다.

"네 짐을 여호와께 맡기라 그가 너를 붙드시고 의인의 요동함을 영원히 허락하지 아니하시리로다."

그것은 장차 우리가 동요를 느낄 일이 전혀 없으리라는 의미가 아니다. 제사장에게 술에 취했다는 비난을 들을 때 한나가 어떤 기분이었을지 생각해보라. 이따금씩 우리가 감당하기에 너무나 크게 보이는 짐을 지고 있을 때 사람들은 우리를 무신경하게 다루고 오히려 더 많은 짐을 지운다. 그러나 한나와 같이 우리는 그것에 대해 감사하고 우리를 돌보시는 하나님께 기도드리는 가운데 위로를 찾을 수 있다.

하나님께서 정말로 당신에게 마음을 쓰고 계시는지 수시로 상기해야 할 필요가 있다면 예수님께서 산상설교에서 하신 말씀을 기억하라. 들의 백합화에 지나지 않은 것도 화려하게 입히시는 분께서 당신을 입히실 것이라는 생각이 들지 않는가? 새들도 신실하게 먹이시는 분께서 당신을 먹이실 것이라는 생각이 들지 않는가? 영적인 성숙함은 다음과 같은 기본적인 것에서 시작한다. 하나님과 다른 사람들을 향한 겸손의 태도와 하나님의 돌보심에 대한 믿음이 그것이다.

두려움과 염려를 다룰 때 그러한 믿음의 태도는 어떤 모습으로 나타나는가? 「두려움이 당신을 압도할 때 당신은 무엇을 하는가?」What do you do when fear overcome you? 에서 제이 아담스의 실질적인 조언을 들어보자.

두려워하지 않으려고 혹은 걱정하지 않으려고 애쓰지 말라. 자기 자신의 말로 하나님께 진심으로 말씀드려라.

이를테면 "주님, 두려움이나 걱정과 한판 승부를 벌여야 한다면 물론 그 싸움을 받아들여야겠죠. 저는 그것을 당신의 손에 넘겨드릴 것입니다"라고 말하는 것이다. 그것은 베드로가 서신에서 "너희 염려를 다 주께 맡기라 이는 그가 너희를 돌보심이라"벧전 5:7고 말하면서 의도했던 바이다.

그런 다음 계획을 세우고 앞으로 나아가 하나님께서 당신에게 하라고 책임지어주신 무슨 일이든 하라. 당신의 마음을 사랑하는 다른 사람들에 대한 관심으로 채우되 무슨 일을 하든지 그렇게 하라.

500년 훨씬 전에 유럽에서 처음 발견된 한 작은 묵상집에 쓰인 기도문을 통해, 우리는 베드로의 조언을 끝까지 따라갈 마음의 준비를 하게 된다. 다음은 「그리스도를 본받아」The Imitation of Christ의 저자 토마스 아 켐피스의 말이다.

오 주님! 저를 위한 당신의 염려는, 제가 제 자신을 돌볼 수 있는 모든 관심보다 더욱 크다는 것을 아옵니다 마 6:30 ; 요 6:20. 당신에게 모든 염려를 맡기지 않는 사람은 매우 불안하게 생활할 수밖에 없기 때문입니다 벧전 5:7.

오 주님! 저의 뜻이 당신을 향해 옳고 굳게 서 있다면, 무슨 일이든지 당신이 기뻐하시는 대로 제게 이루어지게 하옵소서. 이는 당신이 제게 이루고자 하시는 것은 무엇이든지 항상 선한 것임을 알기 때문입니다. 제가 암흑 속에 거하는 것이 당신의 뜻이라 하더라도 당신께 찬양을 드리겠나이다. 또한 저를 빛 가운데 거하게 하심이 당신의 뜻이라면 또 다시 당신께 찬양을 드리겠나이다. 당신이 은혜를 베풀어 저를 위로해주신다면, 당신께 찬양을 드리겠나이다. 또한 저를 고통에 빠뜨리신다 하더라도 여전히 똑같이 당신께 찬양을 드리겠나이다.

염려를 버리고
자족하는 삶으로
이끄는
시편 말씀

여호와여 나의 영혼이 주를 우러러보나이다 나의 하나님이여 내가 주께 의지하였사오니 나를 부끄럽지 않게 하시고 나의 원수들이 나를 이겨 개가를 부르지 못하게 하소서 주를 바라는 자들은 수치를 당하지 아니하려니와 까닭 없이 속이는 자들은 수치를 당하리이다 여호와여 주의 도를 내게 보이시고 주의 길을 내게 가르치소서 주의 진리로 나를 지도하시고 교훈하소서 주는 내 구원의 하나님이시니 내가 종일 주를 기다리나이다 … 여호와여 내 젊은 시절의 죄와 허물을 기억하지 마시고 주의 인자하심을 따라 주께서 나를 기억하시되 주의 선하심으로 하옵소서 … 내 눈이 항상 여호와를 바라봄은 내 발을 그물에서 벗어나게 하실 것임이로다 주여 나는 외롭고 괴로우니 내게 돌이키사 나에게 은혜를 베푸소서 내 마음의 근심이 많사오니 나를 고난에서 끌어내소서 나의 곤고와 환난을 보시고 내 모든 죄를 사하소서 … 내 영혼을 지켜 나를 구원하소서 내가 주께 피하오니 수치를 당하지 않게 하소서 25:1-5,7,15-18,20

· · ·

너는 여호와를 기다릴지어다 강하고 담대하며 여호와를 기다릴지 어다 27:14

· · ·

여호와여 내가 주께 부르짖으오니 나의 반석이여 내게 귀를 막지 마소서 주께서 내게 잠잠하시면 내가 무덤에 내려가는 자와 같을까 하나이다 … 여호와를 찬송함이여 내 간구하는 소리를 들으심이로다 여호와는 나의 힘과 나의 방패이시니 내 마음이 그를 의지하여 도움을 얻었도다 그러므로 내 마음이 크게 기뻐하며 내 노래로 그를 찬송하리로다 28:1,6-7

· · ·

여호와여 내가 주를 높일 것은 주께서 나를 끌어내사 내 원수로 하여금 나로 말미암아 기뻐하지 못하게 하심이니이다 여호와 내 하나님이여 내가 주께 부르짖으매 나를 고치셨나이다 여호와여 주께서 내 영혼을 스올에서 끌어내어 나를 살리사 무덤으로 내려가지 아니하게 하셨나이다 … 그의 노염은 잠깐이요 그의 은총은 평생이로다 저녁에는 울음이 깃들일지라도 아침에는 기쁨이 오리로다 내가 형통할 때에 말하기를 영원히 흔들리지 아니하리라 하였도다 여호와여 주의 은혜로 나를 산같이 굳게 세우셨더니 주의 얼굴을 가리시매 내가 근심하였나이다 … 주께서 나의 슬픔이 변하여 내게 춤이 되게 하시며 나의 베옷을 벗기고 기쁨으로 띠 띠우셨나이다 이는 잠잠하지 아니하고 내 영광으로 주를 찬송하게 하심이니 여호와 나의 하나님이여 내가 주께 영원히 감사하리이다 30:1-3,5-7,11-12

· · ·

여호와여 내가 주께 피하오니 나를 영원히 부끄럽게 하지 마시고 주의 공의로 나를 건지소서 내게 귀를 기울여 속히 건지시고 내게 견고한 바위와 구원하는 산성이 되소서 … 내가 나의 영을 주의 손에 부탁하나이다 진리의 하나님 여호와여 나를 속량하셨나이다 … 내가 주의 인자하심을 기뻐하며 즐거워할 것은 주께서 나의 고난을 보시고 환난 중에 있는 내 영혼을 아셨으며 … 여호와여 내가 고통 중에 있사오니 내게 은혜를 베푸소서 내가 근심 때문에 눈과 영혼과 몸이 쇠하였나이다 내 일생을 슬픔으로 보내며 나의 연수를 탄식으로 보냄이여 내 기력이 나의 죄악 때문에 약하여지며 나의 뼈가 쇠하도소이다 … 여호와여 그러하여도 나는 주께 의지하고 말하기를 주는 내 하나님이시라 하였나이다 나의 앞날이 주의 손에 있사오니 내 원수들과 나를 핍박하는 자들의 손에서 나를 건져주소서 … 여호와를 바라는 너희들아 강하고 담대하라 31:1-2,5,7,9-10,14-15,24

· · ·

내가 입을 열지 아니할 때에 종일 신음하므로 내 뼈가 쇠하였도다 주의 손이 주야로 나를 누르시오니 내 진액이 빠져서 여름 가뭄에 마름같이 되었나이다 (셀라) 내가 이르기를 내 허물을 여호와께 자복하리라 하고 주께 내 죄를 아뢰고 내 죄악을 숨기지 아니하였더니 곧 주께서 내 죄악을 사하셨나이다 (셀라) 이로 말미암아 모든 경건한 자는 주를 만날 기회를 얻어서 주께 기도할지라 진실로 홍수가 범람할지라도 그에게 미치지 못하리이다 주는 나의 은신처이오니 환난에서 나를 보호하시고 구원의 노래로 나를 두르시리이다 (셀라) 32:3-7

· · ·

내가 여호와께 간구하매 내게 응답하시고 내 모든 두려움에서 나를 건지셨도다 그들이 주를 앙망하고 광채를 내었으니 그들의 얼굴은 부끄럽지 아니하리로다 이 곤고한 자가 부르짖으매 여호와께서 들으시고 그의 모든 환난에서 구원하셨도다 여호와의 천사가 주를 경외하는 자를 둘러 진 치고 그들을 건지시는도다 … 의인이 부르짖으매 여호와께서 들으시고 그들의 모든 환난에서 건지셨도다 여호와는 마음이 상한 자를 가까이하시고 충심으로 통회하는 자를 구원하시는도다 의인은 고난이 많으나 여호와께서 그의 모든 고난에서 건지시는도다 34:4-7,17-19

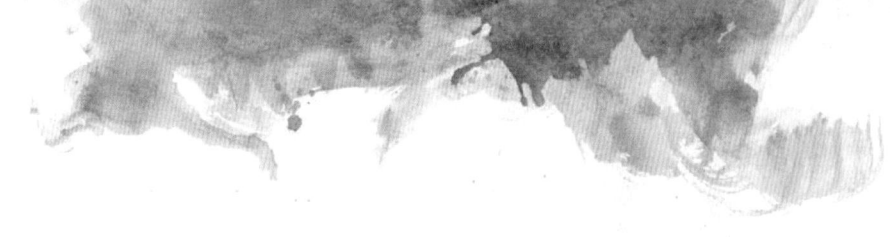

자족하는 삶을 누리는 네 번째 단계
믿음으로 주님만을 바라보라

조지 뮬러는 믿음에 대해 많은 것을 알고 있었다. 그것은 누구라도 알 수 있는 최선의 길이었다. 말하자면, 그는 믿음대로 살았다. 초년에 그의 생활은 무척이나 부도덕했다. 그는 크리스천이 된 스무 살 이전에 이미 감옥 생활을 한 적이 있었다. 그러나 크리스천이 되면서 그의 관심과 태도는 급진적으로 변했다.

뮬러는 사역 훈련을 수년간 받은 후에 유태인을 대상으로 사역하기 위해 영국으로 건너갔다. 1832년 영국의 브리스톨 항구에 도착했을 그와 그의 아내는 더럽고 좁은 거리에서 살다가 죽어가는 고아들, 음식을 찾으려고 쓰레기 더미를 뒤지는 집 없는 고아들이 수없이 많은 것을 보고 경악했다.

성경에 대한 확고한 믿음을 가진 뮬러 부부는, 크리스천들이 성경을 진지하게 받아들인다면 그들이 하나님을 위해 이룰 수 있는 일에 아무런 한계도 없을 것임을 확신했다. 그들은 헐벗은 고아들을 먹이고, 입히고, 교육하는 일을 시작했다. 뮬러 부부의 생애 말기에 그들은 고아원들을 통해 1만 명 이상의 고아들을 돌보았다. 오늘날 '믿음대로 산다'고 자처하는 많은 이들과는 달리 뮬러 부부는 그들의 재정적 필요를 하나님이 아닌 다른 누구에게도 말하지 않았다. 하나님은 언제나 그들의 감사 기도와 하나님을 겸허하게 기다리는 일을 통해 필요한 것을 풍성히 채우셨다.

조지 뮬러는 "걱정의 시작은 믿음의 끝이요, 참믿음의 시작은 걱정의 끝이다"라고 말했다. 모범적인 그의 삶을 보며 우리는 그가 무엇에 대해 말하고 있는지 스스로 알고 있었음을 믿을 수 있다. 염려에 대해 성경이 말하는 바를 폭넓게 공부하고자 한다면 믿음대로 사는 삶에 대한 성경 말씀을 살필 필요가 있다.

히브리서 11, 12장은 성경 중에서 믿음에 관한 장이다. 11장은 믿음에 대한 일반적인 정의를 내리며 많은 구약의 예를 들고 있다. 욥의 예처럼 하나님은 과거로부터 우리에게 본보기를 공급해주시므로 우리는 이러한 실존 인물들이 그들의 염려를 어떻게 다루었는지를 보면서 용기를 얻고 희망을 갖게 될 것이다. 12장은 믿음대로 사는 원리들을 정리해놓았다.

모든 무거운 것을 벗어버리라

히브리서 기자는 "모든 무거운 것과 얽매이기 쉬운 죄를 벗어버리고 인내로써 우리 앞에 당한 경주를 경주하며"[12:1]라고 말했다. 처음으로 뛰는 것을 배울 때 당신은 가볍게 하고 뛰어야 한다는 것을 금세 깨달았을 것이다. 훈련할 때는 무거운 물체를 매단 운동복을 입었는지 몰라도 출발선 앞에 서면 그것들을 벗어야 한다. 유능한 주자는 거추장스러운 것을 벗어버리고 가능한 한 맨손으로 달린다.

이와 비슷하게 믿음의 경주에서 우리는 우리를 뒤에서 붙잡는 어떤 것이라도 벗어던져야 한다. 크리스천의 삶에서 많은 것들이 우리를 주저앉히고 뒤에서 붙들 수 있다. 물질주의, 성적 부도덕, 지나친 야망은 우리 사회에서 흔한 몇 가지 예에 지나지 않는다. 히브리서 기자가 아마도 염두에 두었던 것들 중 하나는 율법주의였을 것이다. 그는 대체로 그 문제와 씨름하고 있는 유대인 청중들에게 글을 썼다. 그들은 모든 유대 의식과 예식, 관례를 짊어지고 경주를 하려고 애쓰고 있었다. 히브리서 기자는 본질적으로 이렇게 말하는 것이다.

"그 모든 것을 내려놓고 믿음의 경주를 뛰라. 노력이 아닌 믿음으로 살라."

많은 크리스천들이 여전히 노력으로만 살아가려고 한다. 그들은 자신이 어떤 일을 하면 하나님께서 반드시 그들에게 점수를 주며 이렇게 말씀하실 것이라고 믿는다.

"잘했구나. 너는 성경공부 시간에 참석했고, 오늘도 말씀으로 경건의 시간을 가졌고, 이웃에게 선한 일을 했고, 교회에 출석했구나."

그러한 일들을 예수 그리스도를 향한 넘치는 사랑으로 헌신하는 차원에서 했다면 훌륭한 일이 아닐 수 없다. 그러나 그렇게 해야 하나님의 은혜를 얻는다고 생각하는 크리스천들이 많이 있다. 그것은 유대인의 율법주의와 다름없는 크리스천의 율법주의이다.

너무나도 쉽게 우리를 곤란에 빠뜨리는 또 다른 무거운 짐, 즉 죄는 의심이다. 신자라면 "나의 하나님이 그리스도 예수 안에서 영광 가운데 그 풍성한 대로 너희 모든 쓸 것을 채우시리라"빌 4:19는 말씀의 진리를 마음속 깊이 느끼고 있을지라도 막상 재정적인 어려움이 닥치면 염려에 휩싸이고 만다. 그러면 사람들은 분명히 이렇게 말할 것이다.

"'하나님께서 우리의 모든 필요를 채우실 것'이라고 말해 온 사람이 당신 아니었나요?"

우리는 하나님께서 무슨 일을 하시든 하시지 않든 그것은 우리가 말하는 바와는 상관없이 이루어짐을 믿는다. 다만 우리의 행동은 우리가 실제로 믿고 있는 것을 드러낸다. 염려할 때 우리는 하나님께서 약속을 지키실 수 있음을 의심하고 그분을 영화롭지 못하게 하는 것이다.

성경은 또한 우리가 적절한 동기를 가지고 희생적으로 기부한다면 하나님께서 우리에게 보상해주실 것이라고 말한다 마 6:3-4. 우리는 그 원리 역시 믿는다고 말은 하지만 그것을 실천에 옮기기 어려울 때가 종종 있다. 우리 대부분은 스스로 주장하고 있는 것만큼 하나님을 믿지 않고 있음을 인정해야 한다.

의심에 대항하는 우리의 방어책은 무엇인가? 바울은 "모든 것 위에 믿음의 방패를 가지고 이로써 능히 악한 자의 모든 불화살을 소멸" 엡 6:16 하라고 말했다. 사탄이 유혹을 퍼부을 때 우리는 믿음의 방패로 그것을 막아내야 한다. "천하에 둘도 없는 거짓말쟁이 사탄아! 네가 하는 말들은 죄다 거짓말이지만 하나님의 말씀은 모두 진리이다. 그러니 나는 하나님을 믿을 것이다"라고 말하면서 우리 자신을 무장해야 한다.

우리가 죄를 짓는 것은 하나님 대신에 사탄을 믿기 때문이다. 그래서 히브리서 기자는 신자들이 그들과 똑같은 믿음의 삶을 살았고 똑같은 경주를 했으며 승리한 훌륭한 선례가 있음을 깨닫는 가운데 의심과 모든 방해물들을 던져버리고 확신을 가지고 이 경주에 임하기를 원했다.

예수님을 바라보라

히브리서 기자는 우리가 "믿음의 주요 또 온전하게 하시는 이인 예수를 바라보자 그는 그 앞에 있는 기쁨을 위하여 십자가를 참으사 부끄러움을 개의치 아니하시더니 하나님 보좌 우편에 앉으셨느니라"히 12:2고 말했다. 잃은 것이 가장 많았기에 예수님은 역사상 가장 위대한 믿음의 본이 되신다. 바울은 더 나아가 이렇게 설명했다.

"그는 근본 하나님의 본체시나 하나님과 동등됨을 취할 것으로 여기지 아니하시고 오히려 자기를 비워 종의 형체를 가지사 사람들과 같이 되셨고 사람의 모양으로 나타나사 자기를 낮추시고 죽기까지 복종하셨으니 곧 십자가에 죽으심이라"빌 2:6-8.

우리 주님은 자신의 신성한 권리를 제쳐놓고 하나님을 믿었다. 그 하나님은 다름 아닌 주의 거룩한 자를 썩지 않게 할 분이시다 시 16:10. 그분은 사람의 신분으로 이 세상에 오셨고, 세상의 죄를 지셨으며, 하늘 아버지가 일으켜 세워주실 것이라는 확신 가운데 죽으셨으며, 다시 높임을 받으셨다. 그 믿음의 행동은 영원토록 누구도 뛰어넘지 못할 것으로 남을 것이다. 우리 주 예수 그리스도는 상상할 수 없는 고통을 견뎌내셨지만 하나님을 믿는 일에 승리를 거두셨다. 그것이 바로 우리가 그분을 바라보아야 하는 이유이다.

"예수님을 바라본다"는 구절은 문자적으로 "예수님께 눈길을 돌린다"는 뜻으로 풀이된다. 바르게 바라보는 것은 목표를 성공적으로 이루어내는 데 있어 꼭 필요한 일이다. 어린 시절에 아버지는 내게 야구공을 쳐내는 법을 가르쳐주면서 이런 말씀을 하셨다.

"얘야, 공이 널 향해 날아올 때 공을 끝까지 지켜보지 않으면 그것을 쳐낼 수 없단다."

함께 농구를 할 때도 아버지는 말씀하셨다.

"공에서 눈을 떼지 말거라."

마찬가지로 크리스천으로 살아갈 때 당신의 눈길은 당신 자신을 넘어서야 한다. 실제로 자신에게서 눈길을 빨리 뗄수록 당신은 더 향상될 것이다. 갖가지 정신 요법과 지독한 자기애가 만연한 오늘날의 세태 속에서 그로 인한 수많은 폐해들을 보지 않는가? 우리는 바닥을 내려다보면서 차를 운전하려고 애쓰는 것처럼 우리 자신을 바라보는 일에 지나치게 열중하고 있는지 모른다.

인생의 달리기 시합을 할 때는 자신의 발을 내려다봐서는 안 된다. 다른 주자들을 쳐다봐서도 안 된다. 오직 예수님만 바라보아야 한다. 그분은 "믿음의 주요 온전케 하시는 이"로서 온전한 모범이 되신다. '주' author라고 번역된 헬라어 archegos는 기원자, 시조, 최고 지도자를 의미한다. 그리스도는 믿음의 최고 지도자이고 히브리서 11장에 나오는 그 어떤 위인보다 더 위대하시다. 그런가 하면 그분은 다른 성도들과 자신을 지나칠 만큼 비교하면서 그들의 믿음이나 경험을 질투하며 갈망하는 사람들에게 균형을 제공하신다.

믿음의 경주의 결승선에서 우리를 기다리는 것은 무엇인가? 기쁨과 승리이다. 예수님은 "그 앞에 있는 즐거움을 위하여"히 12:2 십자가를 견뎌내셨다. 운동선수들은 승리의 전율에 비할 게 없다고 입을 모아 말한다. 그 전율은 메달이나 트로피 또는 다른 어떤 것에서 비롯되지 않는다. 그것은 다만 승리요 승리가 가져다주는 환희에서 비롯된다.

궁극적으로 우리의 참된 기쁨과 보상은 그리스도와 함께 하늘에 있는 것이다. 그런데 지금 이곳에서도 유혹에 승리했을 때 대단한 승리감을 맛볼 수 있다. 알다시피 우리 앞에는 많은 유혹들이 놓여 있다. 다음은 매우 친숙한 소리들로서 어쩌면 그 가운데 당신의 목소리가 들어 있을 수도 있다.

"크리스천이 된다는 게 쉬운 일이 아니에요. 직장에서 놀림을 당하고 있어요."

"사람들이 제가 크리스천이라는 이유로 사무실에서 절 무시해요."

"철학 선생님이 수업 시간에 제 믿음을 가지고 뭐라고 하세요."

"배우자가 가정생활을 힘들게 만들고 있어요."

"마지막 때가 가까워서인지 이 사회에서 크리스천이 된다는 게 점점 더 힘들어지고 있어요."

마지막 언급과 관련해 크리스천들이 "세상에서 일어나고 있는 일들을 보면 걱정이 돼요. 이 나라에 뭔가 변화가 빨리 일어나지 않는다면 우리는 끝장날 거예요"라고 말하는 것을 점점 더 많이 듣게 된다. 그러나 크리스천은 그런 식으로 살아서는 안 된다. 우리는 뉴스에 따라 사는 것이 아니라 하나님을 믿는 믿음으로 살아가야 한다.

벌스트로드 화이트록 Bulstrode Whitelock은 올리버 크롬웰의 칙사로서 1653년에 스웨덴으로 파견될 준비를 하면서 자국의 소란스러운 상태에 대해 걱정을 하고 있었다. 영국은 청교도 혁명을 치른 지 얼마 되지 않았고 그 와중에 역사상 처음으로 그리고 유일하게 자기 나라의 왕 찰스 1세을 처형하는 일을 겪었다. 군대와 정부는 서로 반목하고 있었다. 청교도의 두 분파인 장로교파와 크롬웰의 독립파 역시 그러했다. 다른 나라에 어떻게 보일 것이냐는 둘째 치고 나라가 어디로 나아갈지 가늠할 수 없을 만큼 어려운 시국이었다. 파견되기 전날 밤 화이트록은 초조하게 서성거렸다. 상관이 잠들지 못하고 있음을 알아차린 충직한 한 신하가 잠시 후 그에게 다가왔다. 그리고 그들 사이에 오간 대화이다.

"바라건대 각하, 제가 질문 하나를 해도 되겠습니까?
"물론이지."
"바라건대 각하, 각하가 세상에 있기 전에 하나님께서 세상을 매우 잘 다스리셨다고 생각하지 않으시는지요?"
"왜 아니겠나?"
"바라건대 각하, 각하가 이 세상을 떠났을 때에도 그분이 매우 잘 다스리실 것이라고 생각하지 않으시는지요?"
"분명히 그럴 걸세."
"그러면 각하, 죄송한 말씀이지만 각하가 살아계시는 동안에도 그분이 세상을 상당히 잘 다스리실 것을 믿어야 한다고 생각하지 않으시는지요?"

그 질문에 화이트록은 할 말을 잃었다. 그는 침대로 향했고 이내 잠이 들었다. 이와 비슷하게 우리는 오늘날 이 세계에 무슨 일인가 일어날 것이라는 두려움을 느낄 때 그와 똑같은 질문을 스스로에게 해야 할 것이다. 그리고 나서 분명한 대답을 깨달을 때 안식하게 될 것이다.

히브리서 기자는 크리스천의 마라톤 경주에서 그러한 많은 염려들이 우리를 병들게 할 수 있다는 사실을 예리하게 파악하고 있었다. 그래서 다음과 같이 하라고 말했다.

"너희가 피곤하여 낙심하지 않기 위하여 죄인들이 이같이 자기에게 거역한 일을 참으신 자를 생각하라 너희가 죄와 싸우되 아직 피 흘리기까지는 대항하지 아니하고"히 12:3-4.

다시 말해, 이 말은 "나는 아직 너희 중 어느 누구도 피 흘리는 것을 보지 못했다. 직장에서 다소 힘든 일을 겪거나 반에서 괴롭힘을 당하거나 어쩌면 정부나 그 밖의 다른 누군가에게 차별 대우를 받았는지 모른다. 하지만 너희는 아직 내가 아는 어떤 분처럼 십자가에 못 박히지는 않았다"는 의미이다.

크리스천으로 살아가는 것이 너무나 힘들다는 생각이 들기 시작할 때, 죽음에 이르기까지 그러한 적의를 견뎌내신 분을 생각하라. 그리고 당신이 아직 거기까지 가지 않았음을 깨달으라. 그것을 마음에 새기는 것은 당신의 염려들을 지속적으로 관리하는 하나의 방법이다. 경주에서 지칠 때면 좀 더 많이 예수님을 바라보라. 그분의 믿음의 삶이 기쁨과 승리로 이어졌고 당신 역시 그러할 것임을 기억하라.

지금 하나님을 찬양하라

크리스천의 기쁨은 미래에만 속한 것은 아니다. 우리가 맞이할 미래의 멋진 부분은 즐겁게 하나님을 찬양하는 일에 열중하는 것일 텐데, 그것은 우리가 지금도 시작할 수 있는 일이다.

교만한 사람은 하나님을 찬양하지 않는다. 그들은 스스로에게 지나치게 사로잡혀 있다. 겸손한 사람은 하나님을 경외하고 마음에서 우러나온 감사의 찬양을 쏟아놓는다. 찬양은 우리가 가지고 있는 가공할 무기로서 염려에 빠진 생각과 느낌을 공격하는 데 쓰인다.

나는 반 농담 삼아 우리 교인들에게 말한다. 염려로 꼼짝 못하는 크리스천은 누구라도 간단한 가구가 딸린 방 안에 격리시켜놓고 작은 문구멍으로 음식만 넣어준 채 시편을 다 읽을 때까지 나오지 못하게 해야 한다고. 이렇게 '시편 치료법'을 받고 나면 찬양하지 않고는 못 배길 하나님에 대해 더 많이 알게 될 것이다. 히브리서 기자가 말했듯이 우리의 시선을 자신에게서 떼어 하나님께 두어야 한다는 것이다. 염려는 하나님을 찬양하는 환경에서 결코 살아남을 수 없다.

찬양에는 하나님의 백성들을 대하는 그분의 방식이 상당 부분 담겨 있기 때문에 그분은 찬양으로 가득 찬 찬양집을 우리에게 남기셨다. 시편은 이스라엘 백성들이 노래하고 이야기한 위대한 찬양집이다. 하나님은 그들이, 그리고 우리가 계속해서 그분이 매우 가치 있게 여기신 찬양을 드리기를 원하셨다.

"지존자여 십현금과 비파와 수금으로 여호와께 감사하며 주의 이름을 찬양하고 아침마다 주의 인자하심을 알리며 밤마다 주의 성실하심을 베풂이 좋으니이다"시 92:1-2.

아침과 밤마다 주님을 찬양할 때 우리의 삶은 그 성격이 달라진다.

찬양을 이루는 요소들

하나님을 찬양하는 것은 정확히 무엇을 의미하는가? 어떤 사람들은 찬양이란 노래하는 것이라고 생각하고, 어떤 사람들은 "주님을 찬양합니다! 할렐루야!"라고 외치는 것이라고 생각한다. 어떤 사람들은 손을 들고 흔드는 것이라고 생각하고, 또 어떤 사람들은 조용히 기도하는 것이라고 생각한다. 무엇이 옳은 답인가? 우리는 어떻게 주님을 찬양하는가? 성경에 따르면 참된 찬양에는 두 가지 요소가 따른다.

하나님의 속성을 찬양하다

찬양은 하나님의 속성을 표현한다. 어떤 크리스천들은 거의 배타적으로 신약 성경만 공부하는데 과거에는 신비에 싸여 있던 많은 진리들을 나타내 보여주고 있기 때문이다. 그럼에도 구약 성경을 공부하는 한 가지 중요한 이유는 그것이 하나님의 속성을 강력하게 드러내주며 그분을 더 찬양할 수 있게 하기 때문이다.

예를 들어, 하박국은 하나님의 속성을 인해 그분을 찬양했다. 하나님은 거룩하시고 전능하시며 영원하시고 약속을 지키시는 분이라는 것이다 합 1:12-13. 그리고 그 찬양으로 그의 마음 속에 있던 크나큰 문제가 해결되었다. 그는 왜 하나님께서 악한 갈대아 사람들을 보내어 이스라엘을 정복하게 하심으로 이스라엘을 심판하시지 않는지 이해할 수 없었다 6-11절. 하박국은 하나님께서 그의 백성들을 부흥케 하고 회복시켜주기를 원했지만 그들은 하나님의 인내심의 한계를 넘어섰다고 생각했다.

혼란에 휩싸인 하박국은 다음과 같은 사실을 기억해냈다. 하나님은 거룩하셔서 실수하지 않으신다. 그분은 언약을 지키시는 분이기에, 약속을 깨뜨리지 않으신다. 그분은 영원하시기에, 역사의 흐름 밖에 계신다. 이렇게 찬양을 해나가다가 하박국은 우리가 이 장에서 배운 "의인은 그의 믿음으로 말미암아 살리라" 2:4는 사실을 확신하게 된다.

상황이 달라지지 않았음에도 불구하고 그는 한결 기분이 나아졌다. 하나님은 한동안 갈대아 사람들이 이스라엘을 침략하도록 허락하지 않으셨다. 그러나 하박국은 하나님께서 어떤 환경들도 충분히 조종하실 수 있을 만큼 강하시다는 것을 알았다. 풀 수 없는 문제들에 대해 걱정하는 대신에 우리는 이렇게 말해야 한다.

"주님, 당신은 역사보다 더 크신 분이십니다. 당신은 온 우주의 모든 것을 가지고 계십니다. 당신은 원하는 어떤 일이라도 하실 수 있습니다. 당신은 저를 사랑하시고 제게 필요한 것을 꼭 있게 해주겠다고 약속하십니다. 당신은 새와 꽃들을 돌보시는 것처럼 저를 돌보실 것이라고 말씀하십니다. 당신은 당신의 속성과 권능을 제가 쓸 수 있게 하겠다고 약속하셨습니다."

그러한 찬양이 하나님을 영화롭게 한다.

하나님의 역사들을 찬양하다

하나님의 속성은 그분의 역사들에 나타나 있다. 시편은 하나님께서 그분의 백성들을 위해 행하신 위대한 일들로 가득 차 있다. 시편의 말씀들은 홍해를 가르시고, 바위에서 물을 내시고, 광야에서 만나로 백성들을 먹이시고, 대적들을 멸하시고, 여리고 성을 무너뜨리시며, 그 밖에 능력 있는 일을 많이 하신 하나님을 찬양한다.

자신의 문제를 다시 돌아본 후 하박국은 하나님의 업적 가운데 드러난 능력에 몸을 떨며 그 일들을 인해 하나님을 찬양하기 시작한다 3:16. 그는 자신이 하는 일마다 되는 게 없을 때에라도 주님 안에서 기뻐하겠다고 단언했다. 그 이유는 무엇인가? 과거에 하나님께서 스스로를 검증하셨기 때문이다. 구약 성경이 하나님의 업적에 대해 그토록 광범위한 역사를 담고 있는 이유가 여기에 있다. 그래서 우리는 하나님께서 어떻게 신실하심을 증명하셨는지 구체적으로 알 수 있다.

어떻게 풀어야 할지 모르는 문제에 직면해 있다면 먼저 하나님을 찬양하라. 그분께 이렇게 말하는 것이다.

"주님, 당신은 우주에 별들과 행성들을 두신 하나님이십니다. 당신은 이 땅을 만드시고 바다로부터 땅을 분리한 분이십니다. 그런 후 인간과 살아 있는 다른 모든 것들을 만드셨습니다. 인간이 타락했음에도 불구하고 인간을 구속하는 계획을 세우셨습니다. 당신은 스스로 민족을 세우시고 역사를 통해 그 민족을 보존하시고 그 민족을 위해 놀라운 일에 놀라운 일을 이어 행한 분이십니다. 당신은 인간의 형상을 입고 이 세상에 오셨고 죽음에서 일어난 분이십니다."

이와 같이 하나님을 찬양할 때 우리의 문제는 그분이 행하신 모든 일들 앞에서 빛을 잃고 만다. 하나님이 누구신지, 그리고 어떤 일을 하셨는지 기억함으로써 우리는 그분을 영화롭게 하고 우리의 믿음을 강화시킬 수 있다.

염려를 버리고
자족하는 삶으로
이끄는
시편 말씀

악을 행하는 자들 때문에 불평하지 말며 불의를 행하는 자들을 시기하지 말지어다 … 여호와를 의뢰하고 선을 행하라 땅에 머무는 동안 그의 성실을 먹을거리로 삼을지어다 또 여호와를 기뻐하라 그가 네 마음의 소원을 네게 이루어 주시리로다 네 길을 여호와께 맡기라 그를 의지하면 그가 이루시고 네 의를 빛같이 나타내시며 네 공의를 정오의 빛같이 하시리로다 여호와 앞에 잠잠하고 참고 기다리라 자기 길이 형통하며 악한 꾀를 이루는 자 때문에 불평하지 말지어다 분을 그치고 노를 버리며 불평하지 말라 오히려 악을 만들 뿐이라 … 악인의 팔은 부러지나 의인은 여호와께서 붙드시는도다 … 여호와께서 사람의 걸음을 정하시고 그의 길을 기뻐하시나니 그는 넘어지나 아주 엎드러지지 아니함은 여호와께서 그의 손으로 붙드심이로다 … 여호와께서 정의를 사랑하시고 그의 성도를 버리지 아니하심이로다 그들은 영원히 보호를 받으나 악인의 자손은 끊어지리로다 … 의인들의 구원은 여호와로부터 오나니 그는 환난 때에 그들의 요새이시로다 37:1,3-8,17,23-24,28,39

· · ·

내가 피곤하고 심히 상하였으매 마음이 불안하여 신음하나이다 주여 나의 모든 소원이 주 앞에 있사오며 나의 탄식이 주 앞에 감추이지 아니하나이다 … 내가 넘어지게 되었고 나의 근심이 항상 내 앞에 있사오니 내 죄악을 아뢰고 내 죄를 슬퍼함이니이다 … 여호와여 나를 버리지 마소서 나의 하나님이여 나를 멀리하지 마소서 속히 나를 도우소서 주 나의 구원이시여 38:8-9,17-18,21-22

· · ·

내가 여호와를 기다리고 기다렸더니 귀를 기울이사 나의 부르짖음을 들으셨도다 나를 기가 막힐 웅덩이와 수렁에서 끌어올리시고 내 발을 반석 위에 두사 내 걸음을 견고하게 하셨도다 새 노래 곧 우리 하나님께 올릴 찬송을 내 입에 두셨으니 많은 사람이 보고 두려워하여 여호와를 의지하리로다 40:1-3

· · ·

내 영혼아 네가 어찌하여 낙심하며 어찌하여 내 속에서 불안해하는가 너는 하나님께 소망을 두라 그가 나타나 도우심으로 말미암아 내가 여전히 찬송하리로다 내 하나님이여 내 영혼이 내 속에서 낙심이 되므로 내가 요단 땅과 헤르몬과 미살 산에서 주를 기억하나이다 42:5-6

· · ·

하나님은 우리의 피난처시요 힘이시니 환난 중에 만날 큰 도움이시라 그러므로 땅이 변하든지 산이 흔들려 바다 가운데에 빠지든지 바닷물이 솟아나고 뛰놀든지 그것이 넘침으로 산이 흔들릴지라도 우리는 두려워하지 아니하리로다 (셀라) … 이르시기를 너희는 가만히 있어 내가 하나님 됨을 알지어다 내가 뭇나라 중에서 높임을 받으리라 내가 세계 중에서 높임을 받으리라 하시도다 46:1-3,10

· · ·

여호와는 위대하시니 우리 하나님의 성, 거룩한 산에서 극진히 찬양 받으시리로다 … 이 하나님은 영원히 우리 하나님이시니 그가 우리를 죽을 때까지 인도하시리로다 48:1,14

· · ·

하나님이여 주의 이름으로 나를 구원하시고 주의 힘으로 나를 변호하소서 하나님이여 내 기도를 들으시며 내 입의 말에 귀를 기울이소서 … 하나님은 나를 돕는 이시며 주께서는 내 생명을 붙들어주시는 이시니이다 … 참으로 주께서는 모든 환난에서 나를 건지시고 내 원수가 보응받는 것을 내 눈이 똑똑히 보게 하셨나이다 54:1-2,4,7

하나님이여 내 기도에 귀를 기울이시고 내가 간구할 때에 숨지 마소서 내게 굽히사 응답하소서 내가 근심으로 편하지 못하여 탄식하오니 … 내 마음이 내 속에서 심히 아파하며 사망의 위험이 내게 이르렀도다 두려움과 떨림이 내게 이르고 공포가 나를 덮었도다 나는 말하기를 만일 내게 비둘기같이 날개가 있다면 날아가서 편히 쉬리로다 내가 멀리 날아가서 광야에 머무르리로다 (셀라) 내가 나의 피난처로 속히 가서 폭풍과 광풍을 피하리라 하였도다 … 나는 하나님께 부르짖으리니 여호와께서 나를 구원하시리로다 … 네 짐을 여호와께 맡기라 그가 너를 붙드시고 의인의 요동함을 영원히 허락하지 아니하시리로다 하나님이여 주께서 그들로 파멸의 웅덩이에 빠지게 하시리이다 피를 흘리게 하며 속이는 자들은 그들의 날의 반도 살지 못할 것이나 나는 주를 의지하리이다 55:1-2,4-8,16,22-23

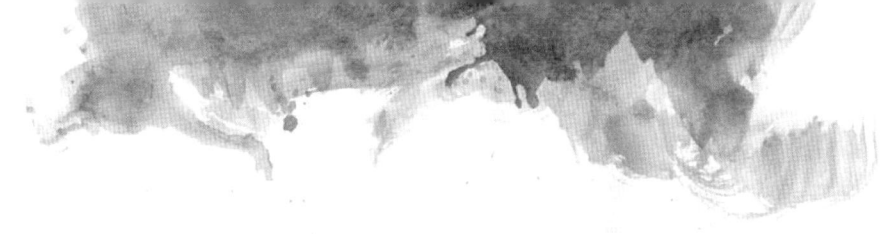

자족하는 삶을 누리는 다섯 번째 단계
나를 지키는 이들과 풍성한 교제를 나누라

이 장에서는 염려에 맞서 싸우는 우리 개인의 전투에 어떻게 다른 이들이 우리를 돕는지 살펴보겠다. 크리스천의 삶이 결코 외로운 투쟁이 아님을 기억하는 데 도움이 되리라고 믿는다.

크리스천의 교제가 가지고 있는 폭넓은 지원 시스템은 크리스천이 됨으로써 누릴 수 있는 큰 유익 가운데 하나이다. 우리 모두 서로를 돌보며 사랑하는 가족의 일원이다. 이제 우리가 왜 교제를 나누어야 하는지, 교제와 염려와의 관계는 어떠한지에 대해 성경이 말하는 바를 살펴볼 것이다. 그전에 먼저 우리가 인식하는 것 이상으로 매일 우리를 이름 없이 도와주는 존재들, 곧 천사들에 대해 성경이 뭐라고 말하고 있는지 알아보자. 히브리서 기자는 천사들을 가리켜 "부리는 영으로서 구원 얻을 후사들을 위하여 섬기라고 보내심"히 1:14이라고 묘사한다.

우리를 돌보는 천사들

'보살피다' minister라는 단어를 보며 어쩌면 약간 숨막히는 느낌을 받았는지도 모르겠다. 아니면 숨막히게 하는 누군가를 떠올렸던가! 사실 그것은 실용적인 용어이다. C. S. 루이스는 어린이 고전 '나니아 연대기' 시리즈 중 하나인 「사자, 마녀 그리고 옷장」에서 그 단어를 잘 설명했다. 세 아이들은 하얀 마녀가 지배하는 겨울, 저주를 받은 지역을 통과해 고된 여정을 마친 후에 강력한 그리스도와 같은 사자인 아슬란의 친위대 앞에 도착했다. 아슬란은 이야기를 나누려고 어린 소년을 한쪽으로 데려가는데, 그전에 갈기를 흔들고 커다랗지만 벨벳처럼 매끄러운 앞발을 탁탁 내리치며 이렇게 명령했다.

"숙녀들이니 이 이브의 딸들을 천막으로 데려가 보살펴주어라."

지친 나그네들은 새 힘을 얻었고, 인생의 여정에서 우리를 보살펴주는 이의 손길에 우리 또한 새 힘을 얻는다.

얼마 전에 우리 교회와 나는 하나님 그리고 사탄과 천사들에 대한 공부를 시작했다. 그 시간에 하나님께서 그분이 자녀들의 육체적인 안전을 위해 천사들의 사역을 통해 일하시는 모습에 얼마나 감명을 받았는지 모른다. 마음 든든한 가르침이었다. 하나님은 천사들이 어떻게 우리에게 힘을 보태주고 사고와 질병 또는 그 밖의 위험한 일들로 인해 생길 수 있는 많은 염려들로부터 우리를 돕는지 그분의 말씀 가운데서 상세히 밝히신다. 그분의 창조적인 능력을 통해 이 세상과 우주를 다스리시는 하나님의 막대한 주권적인 다스림을 말씀 속에서 볼 수 있다. 거기에는 천사들의 존재도 포함된다.

「천사 이야기」 Angels : God's Secret Agents 에서 보여준 빌리 그래함의 태도는 천사들에 대해 공부할 때 우리가 가져야 할 건강한 관점에 영향을 주고 있다.

나는 이 하늘의 존재들이 실존하고 우리를 위해 눈에 보이지 않는 도움을 주고 있다고 확신한다. 극적으로 천사의 방문을 받았다는 사람의 말은 흔치 않은 체험이기에 인상적일 수는 있지만 그 때문에 내가 천사를 믿는 것은 아니다. 보고된 UFO의 출현이 놀랍게도 천사와 비슷한 면을 가지고 있다는 이유로 천사를 믿지는 않는다. 초능력 전문가들이 점점 더 그럴 듯하게 보이는 영의 영역을 만들어가고 있다는 이유로 천사를 믿지는 않는다. 갑자기

전 세계적으로 사탄과 악마의 실체가 강조되고 있다는 이유로 천사들을 믿지는 않는다. 한 번 본 적이 있다는 이유로 혹은 한 번도 본 적이 없다는 이유로 천사들을 믿지는 않는다. 성경이 말하길 천사들이 존재한다고 했고, 성경이 하나님의 참된 말씀이라는 것을 믿기 때문에 나는 천사들을 믿는다.

천사들이 우리를 위해 행하는 많은 일들 중에 일부는 우리를 인도하고, 필요한 것을 공급해주고, 보호해주고, 구해주고, 하나님의 응답을 촉진하며, 우리를 섬기는 것이다.

인도하기

성령이 성도들을 내적으로 인도해준다면 천사들은 성도들을 외적으로 인도해준다.

전도자 빌립이 사마리아에서 많은 무리들에게 설교를 했을 때 "주의 사자가 빌립더러 일러 가로되 일어나서 남으로 향하여 예루살렘에서 가사로 내려가는 길까지 가라 하니 … 일어나 가서 보니 에디오피아 사람 곧 에디오피아 여왕 간다게의 모든 국고를 맡은 큰 권세가 있는 내시가 예배하러 예루살렘에 왔다고"행 8:26-27 했다. 빌립은 그 내시와 굉장한 대화를 나누었고 그를 그리스도께 인도했다 29-39절. 그 천사는 빌립을 또 다른 사역으로 인도했다. 천사들은 오늘날 우리에게도 동일한 일을 한다.

필요한 것을 공급하기

엘리야 선지자는 악한 이세벨 여왕이 그를 잡으러 왔다는 소식을 들었을 때 크게 두려워하며 마을 밖으로 도망쳤다 왕상 19:1-3.

"자기 자신은 광야로 들어가 하룻길쯤 가서 한 로뎀나무 아래에 앉아서 자기가 죽기를 원하여 이르되 여호와여 넉넉하오니 지금 내 생명을 거두시옵소서 나는 내 조상들보다 낫지 못하니이다 하고 로뎀나무 아래에 누워 자더니 천사가 그를 어루만지며 그에게 이르되 일어나서 먹으라 하는지라 본즉 머리맡에 숯불에 구운 떡과 한 병 물이 있더라 이에 먹고 마시고 다시 누웠더니 여호와의 천사가 또 다시 와서 어루만지며 이르되 일어나 먹으라 네가 갈 길을 다 가지 못할까 하노라 하는지라 이에 일어나 먹고 마시고 그 음식물의 힘을 의지하여 사십 주 사십 야를 가서 하나님의 산 호렙에 이르니라"4-8절.

한 천사가 육체적으로, 감정적으로 완전히 지친 엘리야 선지자를 위해 음식을 제공했다. 열악한 상황에 처했을 때 위로가 되는 내용이다. 설령 우리가 눈치채지 못하더라도 천사들은 그와 동일한 방법으로 우리를 돌볼 수 있다. 히브리서 13장 2절은 "부지중에 천사들을 대접한 이들이 있었다고" 말하는데 아마도 천사들은 그 은혜를 갚았을 것이다.

보호해주기

천사들은 또한 하나님의 사람들을 육체적인 위험으로부터 보호해준다. 극적인 예들 가운데 하나를 다니엘서에서 찾아볼 수 있다. 거기서 한 천사가 다니엘의 친구 사드락과 메삭과 아벳느고를 맹렬히 타오르는 불길에서 지켜주었고, 사자 우리 안에 있는 다니엘을 사자의 공격으로부터 지켜주었다 단 3:28 ; 6:22.

흥미진진한 예가 또 하나 있다. 사도 바울이 로마에서 재판을 받으러 지중해를 가로질러 항해를 할 때 그가 탄 배가 극심한 폭풍우를 만나 "풍랑으로 심히 애쓰다가 이튿날 사공들이 짐을 바다에 풀어버리고 사흘째 되는 날에 배의 기구를 그들의 손으로 내버리니라 여러 날 동안 해도 별도 보이지 아니하고 큰 풍랑이 그대로 있으매 구원의 여망마저 없어졌더라" 행 27:18-20 고 전한다. 천사가 개입하기에 좋은 때였다.

"여러 사람이 오래 먹지 못하였으매 바울이 가운데 서서 말하되 여러분이여 … 내가 너희를 권하노니 이제는 안심하라 너희 중 아무도 생명에는 아무런 손상이 없겠고 오직 배뿐이리라 내가 속한 바 곧 내가 섬기는 하나님의 사자가 어제 밤에 내 곁에 서서 말하되 바울아 두려워하지 말라 네가 가이사 앞에 서야 하겠고 또 하나님께서 너와 함께 항해하는 자를 다 네게 주셨다 하였으니"21-24절.

그 배가 지중해에서 이리저리 치이고 있을 때 배 안의 모든 사람들을 보호하는 천사들의 무리가 있었을 것이다. 실제로 배는 풍랑으로 부서졌지만 모든 사람들이 안전하게 해안에 닿을 수 있었다. 그 일은 천사가 말한 바로 그대로 일어났다.

하나님의 천사들은 그분의 백성들을 보호하는데 때때로 예수님을 주님이자 구세주로 알지 못하는 사람들에게도 관대하게 대한다. 천사들은 고속도로를 달리고 있을 때에도 우리를 돌보며 우리의 자녀들을 지켜준다. 하나님께서 천사들을 시켜 나의 자녀들을 지켜주심을 알기에 나는 아이들 걱정을 하지 않는다. 내가 아이들과 함께하더라도 그들을 위해 해줄 수 없는 일들을 천사들은 할 수 있기 때문이다.

구해주기

이 단어는 문제를 예방하는 게 아니라 사람들을 문제로부터 끄집어내는 것을 말한다. 초기에 교회는 성령충만한 사도들의 설교 덕분에 엄청난 성장을 경험했다. 이스라엘의 종교

지도자들은 교회의 인기가 올라가자 위협을 느끼고 사도들을 감옥에 가두기로 작정했다.

"주의 사자가 밤에 옥문을 열고 끌어내어 이르되 가서 성전에서 이 생명의 말씀을 다 백성에게 말하라 하매 그들이 듣고 새벽에 성전에 들어가서 가르치더니 대제사장과 그와 함께 있는 사람들이 와서 공회와 이스라엘 족속의 원로들을 다 모으고 사람을 옥에 보내어 사도들을 잡아오라 하니 부하들이 가서 옥에서 사도들을 보지 못하고 돌아와 이르되 우리가 보니 옥은 든든하게 잠기고 지키는 사람들이 문에 서 있으되 문을 열고 본즉 그 안에는 한 사람도 없더이다 하니" 행 5:19-23.

그들은 어떻게 밖으로 나갔는가? 천사들이 그들을 밖으로 내보내주었다. 하나님께서 작정하신 이상 당신은 결코 하나님께서 당신을 구조할 수 없는 상황에 들어갈 수 없다. 이런 사실을 안다는 것은 정말 신나는 일이다. 현재 상황과 관련해 염려하고 있는 일이 있는가? 그렇다면 이 사실을 떠올리며 염려를 날려버려라.

초대교회의 핍박은 빠른 속도로 격렬해졌다. 야고보는 처형당했고 베드로는 감옥에 갇혔다 행 12:2-4. 베드로도 밤에 처형될 참이었다.

"헤롯이 잡아내려고 하는 그 전날 밤에 베드로가 두 군인 틈에서 두 쇠사슬에 매여 누워 자는데 파수꾼들이 문 밖에서 옥을 지키더니 홀연히 주의 사자가 나타나매 옥중에 광채가 빛나며 또 베드로의 옆구리를 쳐 깨워 이르되 급히 일어나라 하니 쇠사슬이 그 손에서 벗어지더라 천사가 이르되 띠를 띠고 신을 신으라 하거늘 베드로가 그대로 하니 천사가 또 이르되 겉옷을 입고 따라오라 한대 베드로가 나와서 따라갈새 천사가 하는 것이 생시인 줄 알지 못하고 환상을 보는가 하니라 이에 첫째와 둘째 파수를 지나 시내로 통한 쇠문에 이르니 문이 저절로 열리는지라 나와서 한 거리를 지나매 천사가 곧 떠나더라 이에 베드로가 정신이 들어 이르되 내가 이제야 참으로 주께서 그의 천사를 보내어 나를 헤롯의 손과 유대 백성의 모든 기대에서 벗어나게 하신 줄 알겠노라 하여"행 12:6-11.

히브리서 11장에 언급되었던 모든 사람들의 삶에서 하나님과 그의 천사들이 얼마나 분주히 활동했을지 생각해보라. 그들은 기드온, 바락, 삼손, 입다, 다윗, 사무엘, 그리고 여러 선지자들을 구했다. 그들은 "믿음으로 나라들을 이기기도 하며 의를 행하기도 하며 약속을 받기도 하며 사자들의 입을 막기도 하며 불의 세력을 멸하기도 하며 칼날을 피하기도 하며 연약한 가운데서 강하게 되기도 하며 전쟁에 용감하게 되어 이

방 사람들의 진을 물리치기도 한"³³⁻³⁴절 자들이다. 역사의 처음부터 끝까지 천사들은 하나님의 백성들을 지키고 구해냄으로써 그들을 섬겼다.

하나님의 응답을 촉진하기

천사들은 직접 기도에 응답하지는 않지만 기도에 대한 하나님의 응답을 촉진하는 일에 관여한다. 베드로를 감옥에서 나오게 한 천사는 교회의 열렬한 기도에 대한 응답으로 그런 일을 했다 행 12:5. 하나님은 그들의 기도에 대한 응답으로 베드로를 구해내라고 천사들을 보내신 것이다. 다니엘서 9, 10장을 보면 하나님께서 기도에 대한 응답으로 천사를 보내신 다른 예가 나온다.

섬기기

천년왕국 기간 동안 천사들은 우리가 다스리는 대로 우리를 섬길 것이다. 바울은 "성도가 세상을 판단할 것을 너희가 알지 못하느냐 세상도 너희에게 판단을 받겠거든 지극히 작은 일 판단하기를 감당하지 못하겠느냐 우리가 천사를 판단할 것을 너희가 알지 못하느냐 그러하거든 하물며 세상 일이랴"고전 6:2-3라고 말했다. 다가오는 왕국에서 우리는 그리스도와 함께 공동 통치자이자 후사로서 이 땅을 다스리게 될 것이다 계 20:4 ; 마 19:28 ; 롬 8:17. 천사들은 우리에게 복종하게 될 것이다.

천사들을 대하는 우리의 태도는 어떠해야 하는가? 우리는 그들을 하나님의 신령한 종으로서 존중해야 한다. 어려움에 처한 우리를 그들이 어떻게 돕는지 알고 감사해야 한다. 하나님께 계속해서 경배와 예배를 드리는 천사처럼 우리도 하나님만을 높여드려야 한다.

동료 신자들을 섬기라

염려와 싸울 때 도움을 받을 수 있는 좋은 방법 가운데 하나는 천사들이 우리를 섬기듯이 우리도 똑같은 부지런함으로 서로를 섬기는 것이다. 불가능한 일처럼 들리는가? 그렇지 않다. 우리를 섬기라고 천사들을 준비시켜주신 그 하나님께서 서로를 섬기라고 우리 또한 준비시켜주신다. 바울은 "은사는 여러 가지나 성령은 같고 직분은 여러 가지나 주는 같으며 또 사역은 여러 가지나 모든 것을 모든 사람 가운데서 이루시는 하나님은 같으니" 고전 12:4-6라고 말했다. 하나님은 그분의 교회에 다양한 은사를 주셨다.

은사를 사용하라

은사들 중 일부는 일시적인 성격을 지닌 한편 다른 것들은 과거에도 현재에도 변하지 않는다. 일시적인 은사에는 기적과 치유, 방언들이 있다. 영구적인 은사들은 다음과 같다.

- 예언(롬 1:6 ; 고전 14:3) : 다른 사람들의 성장과 바로잡음, 위로를 위해 하나님의 진리를 그들에게 전하거나 선포하는 능력.
- 가르침(롬 12:7) : 말씀에 담긴 진리들을 가르치는 능력.
- 믿음(고전 12:9) : 어떤 환경에서든 의심이나 동요됨 없이 하나님을 신뢰하는 능력. 특별히 염려에 빠지기 쉬운 사람들은 이런 은사를 받은 이들과 교제하며 이들의 본을 따라야 한다.
- 지혜(고전 12:8) : 삶에 영적인 진리를 적용하는 능력. 이런 은사를 받은 성도들 역시 염려 많은 사람들에게 좋은 본이 된다.
- 지식(고전 12:8) : 사실을 이해하는 능력. 성경의 진리를 이해하는 데 있어 학문적인 측면을 말한다.
- 분별함(고전 12:10) : 그릇된 생각과 진리를 구별해내는 능력. 다시 말해 하나님의 것과 사탄의 속임수를 분별하는 능력.
- 긍휼(롬 12:8) : 친절한 행동으로 그리스도의 사랑을 드러내 보이는 능력.
- 권고함(롬 12:8) : 성경의 진리와 크리스천의 사랑으로 다른 사람들을 격려하고 권고하며 위로하는 능력. 염려에 빠지기 쉬운

사람들은 겸손한 마음으로 이런 은사를 가진 이들이 하는 말을 귀담아 들어야 한다.
- 구제(롬 12:8) : 주님의 일과 물질적인 필요를 채우는 일과 관련해 어려움을 겪고 있는 다른 사람들을 위해 필요한 것을 제공하는 능력.
- 다스림(롬 12:8 ; 고전 12:28) : 영적인 노력들을 조직하고 이끄는 능력. 통치 또는 정치의 은사라고도 알려져 있다.
- 도움(롬 12:7 ; 고전 12:28) : 실질적인 방법으로 사역을 지원하며 뒤에서 신실하게 섬기는 능력.

모든 영적인 은사들은 교회에 덕이 되는 것이 그 목적이다 고전 14:26. 우리의 은사들은 우리 자신의 유익을 위한 것이 아니다. 우리는 "다 하나님의 아들을 믿는 것과 아는 일에 하나가 되어 온전한 사람을 이루어 그리스도의 장성한 분량이 충만한 데까지" 엡 4:13 이르도록 서로를 세워주고 도와야 한다.

교제는 영적인 은사라는 매개를 통해 상호간에 관심과 돌봄을 교환하는 것이다. 그러한 일은 다음과 같은 경우에 분명하게 드러난다.

- 서로에게 죄를 고백할 때 약 5:16
- 서로의 덕을 세워줄 때 살전 5:11 ; 롬 14:19

- 서로의 짐을 지어줄 때 갈 6:2
- 서로를 위해 기도할 때 약 5:16
- 서로에게 인자할 때 엡 4:32
- 서로에게 복종할 때 엡 5:21
- 서로 친절히 대접할 때 벧전 4:9
- 서로 섬길 때 갈 5:13 ; 벧전 4:10
- 서로 위로할 때 살전 4:18
- 서로 바로잡아줄 때 갈 6:1
- 서로 용서할 때 고후 2:7 ; 엡 4:32 ; 골 3:13
- 서로 훈계할 때 롬 15:14 ; 골 3:16
- 서로 가르칠 때 골 3:16
- 서로 권면할 때 히 3:13 ; 10:25
- 서로 사랑할 때 롬 13:8 ; 살전 3:12 ; 4:9 ; 벧전 1:22 ; 요일 3:11,23 ; 4:7,11

　사랑은 효과적인 사역의 열쇠가 된다. 사랑이 있는 곳에 참된 겸손이 있다. 겸손은 서로를 돌보고 염려에서 해방되기 위해 반드시 필요한 요소이다. 교만과 염려는 자기 자신에게 관심을 기울이는 반면, 겸손은 다른 사람들에게 관심을 기울인다.

　교만이 당신의 사역에 방해가 되고 있다면 기도와 성경 공부를 통해 그리스도를 더욱 친밀하게 아는 일에 집중하라. 그리스도의 능력과 영광에 대해 알수록 당신은 더욱 겸손해질 것이다. 그러면 그리스도가 자신을 당신에게 주었듯이 당신 자신을 더욱 기꺼이 다른 사람들에게 내놓게 될 것이다.

사랑을 나누라

인간의 몸이 신경조직과 근육, 뼈, 인대, 그리고 장기로 연결되어 있듯이 그리스도의 몸은 서로에게 책임이 있는 일원들로 이루어진다. 일원이 몸의 나머지 부분과 분리되어 존재하지 못하는 것은 폐들이 나란히 놓여 있어야 사람이 숨을 쉴 수 있는 이치와 같다. 그리스도의 몸이 건강하고 증인과 증거의 역할을 하는 것은 모든 일원들이 서로를 신실하게 돌보는 데 달려 있다.

교회는 단순히 하나의 건축물이 아니다. 외로운 사람들이 들어와 이야기를 듣고 여전히 외로운 채로 나가는 곳이 아니라 교제하는 장소이다. 브루스 랄슨은 「이제 삶에 도전하라」 Dare to Live Now 는 책에서 이렇게 말한다.

인근의 술집은 어쩌면 그리스도가 교회에 주기 원하는 교제와 가장 비슷한 모조품을 주는 곳일지도 모른다. 그곳은 은혜 대신에 술을, 현실보다는 현실도피를 제공하는 일종의 가짜이다. 그러나 관대하고 솔직하며 포괄적인 교제의 장이다. 웬만한 일에 충격을 받지 않고 민주적이다. 비밀을 말해도 대개는 다른 사람들에게 말을 옮기지 않거나 옮기고 싶어하지 않는다. 술집이 번창하는 것은 대부분의 사람들이 알코올 중독자이기 때문이 아니라 하나님께서 서로를 알고 알리고 사랑하고 사랑받고자 하는 갈망을 인간의 마음속에 두셨기 때문이다. 그래서 많은 이들이 약간의 맥주를 값으로 치르고 이 모조품을 찾는다.

교제에 대한 이러한 욕구는 서로를 잘 알고 있는 소모임이든 그보다 규모가 큰 모임이든 간에 단순히 주일 예배에 참석한다고 해서 채워지지 않는다. 개인적이고 친밀한 교제에 대한 절실한 욕구가 오늘날 교회 안에 존재한다. 이러한 교제는 은사들과 마찬가지로 실질적인 연합을 이루는 본질적인 요소이다. 교회에서 바람직한 교제를 추구하는 것은 염려를 총공격하는 데 결코 작은 힘이 아니다.

참된 교제를 나누는 크리스천들은 서로 판단하거나 괴롭히지 않는다. 화나게 자극하거나 시기하지 않고 거짓말하거나 험담을 하지 않으며 원망하지도 않는다. 참된 교제는 서로를 세워가는 것이기 때문에 거룩한 사람들은 서로를 받아들이고 서로에 대해 친절하며 인정이 많다. 참아주고, 용서하고, 섬기며, 불평 없이 서로를 환대하고, 바로잡아주고, 지도하고, 복종하며, 위로한다. 그것이 그리스도의 몸이 보여주는 참된 친교이다. 축복과 영적 성장을 가져다주는 감동적인 삶이다.

너무나도 자주 크리스천들은 온몸에 완충재를 두르고 성인군자들처럼 보이려고 애쓴다. 그들은 마치 세상에 문제나 걱정 하나 없는 사람들 같다. 그들은 동료 신자에게 솔직하게 마음을 나누지 않고 자신들의 죄를 드러내지 않는다. 그들은 "나도 바로 당신과 똑같은 일을 겪었어요. 우리 서로 기도해요"라고 말하는 동료 크리스천이 곁에 있다는 것이 어떤 의미인지 모른다.

그리스도 안에서 한 형제 된 이가 내게 죄를 고백하고 앞으로 그런 죄를 저지를 때마다 내게 말하겠다고 약속했다. 나중에 그는 그 약속으로 인해 다시는 죄를 짓지 않을 수 있었다고 말했다. 그 일에 대해 내게 말하는 수치스러움을 겪고 싶지 않았기 때문이라고 했다. 디트리히 본회퍼는 「함께하는 삶」Life together에서 서로에게 죄를 고백하는 이 특권과 관련해 힘 있는 글을 썼다.

> 죄는 사람을 외톨이로 만든다. 죄는 사람을 공동체로부터 끌어낸다. 사람이 고립될수록 죄의 세력은 더욱 그에게 해를 끼치게 될 것이고 그는 더욱 죄에 빠져들며 그의 소외는 더욱 지독한 것이 되어간다. 죄는 알려지지 않은 채 남아 있기를 원한다. 죄는 빛을 멀리한다. 죄는 드러나지 않은 어둠 속에서 한 사람의 전 존

재에 독을 퍼뜨린다. 이런 일은 경건한 공동체 안에서도 일어날 수 있다. 고백을 할 때 복음의 빛이 어둠과 마음의 은둔을 뚫고 들어온다. 우리는 죄를 빛 가운데로 들여놓아야 한다. 함구하고 있는 죄를 솔직하게 말하고 알려야 한다. 비밀스럽고 감춰진 것들은 모두 드러나야 한다. 죄를 솔직하게 인정하지 않는 한 이것은 어려운 싸움이 될 것이다. 그러나 하나님은 놋문과 쇠빗장을 깨뜨리셨다.

우리의 죄를 서로 고백하는 것은 서로 알고 사랑하는 사람, 곧 서로의 필요와 염려, 그리고 유혹을 이해하고 있는 사람의 교제를 더욱 순전하게 만든다. 그러한 공동체는 얼마나 힘이 있겠는가!

다음은 모든 크리스천 공동체들이 운영 지침으로 삼아야 할 핵심 원리이다.

"형제들아 사람이 만일 무슨 범죄한 일이 드러나거든 신령한 너희는 온유한 심령으로 그러한 자를 바로잡고 너 자신을 살펴보아 너도 시험을 받을까 두려워하라" 갈 6:1.

상대방을 일으켜 세워 이렇게 말하라.
"일이 어떻게 되어가고 있는지 하나님의 말씀을 들어 보여

줄게요. 함께 기도합시다. 함께 옳은 길로 걸어갑시다."

이것이 바로 회복을 가져다주는 돌봄이다. 상대의 잘못을 지적하기만 한다면 크리스천으로서 의무를 다하지 않은 것이다. 우리는 사랑 안에서 상대방 가까이에 다가가 그를 회복시켜야 한다.

그 구절은 아마도 성도인 우리가 어떻게 서로를 돌봐야 하는지 성경에서 보여주는 가장 확실한 예일 것이다. 염려를 공격할 때 천사들이 당신을 돌보고 있다는 사실을 알고 힘을 얻으라. 한편 서로를 돌보는 상황 속에서 성숙한 신자들을 알고 그들에게 자신을 알리는 것 또한 중요하게 여겨라. 그러한 교제를 찾아야 할 책임은 당신에게 있다. 염려의 짐을 견디는 데 있어 경건한 교제의 힘을 절대 과소평가하지 말라.

염려를 버리고
자족하는 삶으로
이끄는
시편 말씀

내가 두려워하는 날에는 내가 주를 의지하리이다 내가 하나님을 의지하고 그 말씀을 찬송하올지라 내가 하나님을 의지하였은즉 두려워하지 아니하리니 혈육을 가진 사람이 내게 어찌하리이까 … 주께서 내 생명을 사망에서 건지셨음이라 주께서 나로 하나님 앞, 생명의 빛에 다니게 하시려고 실족하지 아니하게 하지 아니하셨나이까 56:3-4,13

· · ·

하나님이여 내게 은혜를 베푸소서 내게 은혜를 베푸소서 내 영혼이 주께로 피하되 주의 날개 그늘 아래에서 이 재앙들이 지나기까지 피하리이다 내가 지존하신 하나님께 부르짖음이여 곧 나를 위하여 모든 것을 이루시는 하나님께로다 … 하나님이여 내 마음이 확정되었고 내 마음이 확정되었사오니 내가 노래하고 내가 찬송하리이다 … 무릇 주의 인자는 커서 하늘에 미치고 주의 진리는 궁창에 이르나이다 57:1-2,7,10

• • •

하나님이여 나의 부르짖음을 들으시며 내 기도에 유의하소서 내 마음이 약해질 때에 땅 끝에서부터 주께 부르짖으오리니 나보다 높은 바위에 나를 인도하소서 61:1-2

• • •

나의 영혼이 잠잠히 하나님만 바람이여 나의 구원이 그에게서 나오는도다 오직 그만이 나의 반석이시요 나의 구원이시요 나의 요새이시니 내가 크게 흔들리지 아니하리로다 62:1-2

• • •

하나님이여 주는 나의 하나님이시라 내가 간절히 주를 찾되 물이 없어 마르고 황폐한 땅에서 내 영혼이 주를 갈망하며 내 육체가 주를 앙모하나이다 … 내가 나의 침상에서 주를 기억하며 새벽에 주의 말씀을 작은 소리로 읊조릴 때에 하오리니 주는 나의 도움이 되셨음이라 내가 주의 날개 그늘에서 즐겁게 부르리이다 나의 영혼이 주를 가까이 따르니 주의 오른손이 나를 붙드시거니와 63:1, 6-8

• • •

날마다 우리 짐을 지시는 주 곧 우리의 구원이신 하나님을 찬송할지로다 (셀라) 하나님은 우리에게 구원의 하나님이시라 사망에서 벗어남은 주 여호와로 말미암거니와 68:19-20

· · ·

하나님이여 나를 구원하소서 물들이 내 영혼에까지 흘러들어왔나이다 나는 설 곳이 없는 깊은 수렁에 빠지며 깊은 물에 들어가니 큰 물이 내게 넘치나이다 내가 부르짖음으로 피곤하여 나의 목이 마르며 나의 하나님을 바라서 나의 눈이 쇠하였나이다 … 하나님이여 주는 나의 우매함을 아시오니 나의 죄가 주 앞에서 숨김이 없나이다 주 만군의 여호와여 주를 바라는 자들이 나를 인하여 수치를 당하게 하지 마옵소서 이스라엘의 하나님이여 주를 찾는 자가 나로 말미암아 욕을 당하게 하지 마옵소서 … 여호와여 나를 반기시는 때에 내가 주께 기도하오니 하나님이여 많은 인자와 구원의 진리로 내게 응답하소서 나를 수렁에서 건지사 빠지지 말게 하시고 나를 미워하는 자에게서와 깊은 물에서 건지소서 … 여호와여 주의 인자하심이 선하시오니 내게 응답하시며 주의 많은 긍휼에 따라 내게로 돌이키소서 주의 얼굴을 주의 종에게서 숨기지 마소서 내가 환난 중에 있사오니 속히 내게 응답하소서 … 비방이 나의 마음을 상하게 하여 근심이 충만하니 불쌍히 여길 자를 바라나 없고 긍휼히 여길 자를 바라나 찾지 못하였나이다 … 오직 나는 가난하고 슬프오니 하나님이여 주의 구원으로 나를 높이소서 내가 노래로 하나님의 이름을 찬송하며 감사함으로 하나님을 위대하시다 하리니 … 여호와는 궁핍한 자의 소리를 들으시며 자기로 말미암아 갇힌 자를 멸시하지 아니하시나니 69:1-3,5-6,13-14,16-17,20,29-30,33

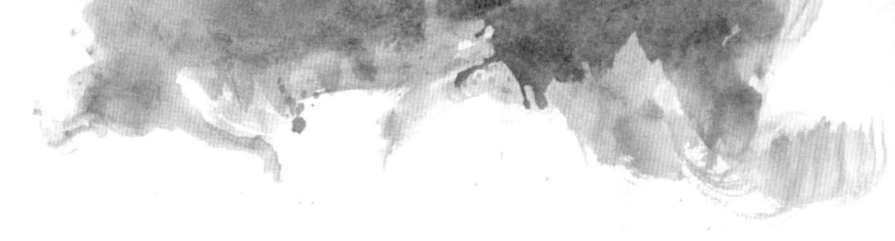

자족하는 삶을 누리는 여섯 번째 단계
연약한 사람들, 이렇게 섬기라

교회는 세상에서 유일하게 "회원이 될 사람이 특별한 회원 자격이 없다"는 단 한 가지 조건을 가진 공동체이다. 이러한 교회에는 문제들이 많은데 이는 교회에 문제 있는 사람들이 가득하기 때문이다. 교회 안에 있는 모두가 죄인이고 비록 은혜로 구원받았다고는 하지만 그럼에도 인간의 육신에 영향을 받는다. 교회의 영적 성장은 우리 가운데 있는 염려와 그 밖의 죄들을 어떻게 잘 다루느냐와 정비례한다.

바울 사도는 우리 모두가 교회에서 만날 수 있는 문제 있는 그룹들을 구분했다.

> "또 형제들아 너희를 권면하노니 게으른 자들을 권계하며 마음이 약한 자들을 격려하고 힘이 없는 자들을 붙들어주며 모든 사람에게 오래 참으라 삼가 누가 누구에게든지 악으로 악을 갚지 말게 하고 서로 대하든지 모든 사람을 대하든지 항상 선을 따르라" 살전 5:14-15.

첫 번째 그룹은 '규모 없는 자들'이다. 그들을 '어긋장 놓는 사람들'이라고 부르자. 그들은 남들과 보조를 맞추는 법이 없다. "내 방식대로 한다"가 그들에게 어울리는 슬로건이다. 다른 모든 사람들이 앞으로 가고 있을 때 그들은 뒤로 간다. 무관심이든 반항심이든 그들은 영적인 무단 외출을 일삼는다. 그리고 배우는 일이나 섬기는 일에 전혀 관심이 없다.

두 번째 그룹은 '마음이 약한 자들', 이른바 염려하는 자들이다. 그들은 미지의 것을 두려워하고 모험심이라고는 없다. 교회 안에서 그들의 슬로건은 "전에 그런 식으로 해본 적이 없다"이다. 그들은 변화를 싫어한다. 그들은 전통을 사랑한다. 그들은 위험을 원하지 않는다. 그들의 눈에 삶의 모든 문제들은 그들이 견뎌낼 수 있는 것과는 한참이나 거리가 멀다. 그들은 대체로 슬픔에 빠져 있고, 언제나 걱정이며, 가끔은 절망하고, 종종 낙담하거나 풀이 죽어 있다. 결과적으로 그들은 모험이 가져다주는 스릴을 전혀 경험하지 못한다.

세 번째 그룹은 '힘이 없는 자들'이다. 이러한 신자들은 영적, 도덕적으로 무력하다. 자기 절제가 부족하기 때문에 같은 죄에 반복해서 빠진다. 그들이 그 죄의 수렁에 빠졌을 때 그들 스스로 먼지를 툭툭 털며 일어나게 하기란 굉장히 힘든 일이다. 그들은 하나님의 뜻을 지속적으로 행하는 것을 어렵게 생각한다. 그들 스스로와 그들의 교회, 그리고 주님마저 난처하게 만드는 사람들이다. 그래서 그들에게는 많은 관심이 필요하다.

네 번째 그룹은 '지치게 하는 자들'이다. 바울은 "모든 사람을 대하여 오래 참으라"고 말했다. 우리가 만나는 사람들 중에 어떤 이들은 특별한 인내심을 요구한다. 그들에게 한참 공을 들이고 나서 이제 그들이 그리스도의 형상에 얼마나 가까이 갔는지 보면 빌 3:12-15 여전히 갈 길이 까마득한 것을 보게 된다. 그들은 온갖 것에 정신이 팔려 개인에게 집중하지 못한다. 아무리 노력을 기울여도 최소한의 성과도 거둘 수 없으니 상당히 힘빠지게 하는 사람들이 아닐 수 없다. 그들은 정상적인 속도로 성장하지 않는다.

다섯 번째 그룹은 '철저하게 악한 자들'이다. 바울은 크리스천 그룹에 대해 언급하고 있음에도 불구하고 그들을 가리켜 이렇게 말할 필요를 느꼈다.

"삼가 누가 누구에게든지 악으로 악을 갚지 말게 하고 서로 대하든지 모든 사람을 대하든지 항상 선을 따르라" 살전 5:15.

슬프게도 다른 크리스천들을 상대로 죄를 저지르는 크리스천들이 있다. 그들은 결혼생활을 깨뜨린다. 딸들의 순결을 짓밟는다. 도적질한다. 험담을 한다. 남의 명예를 훼손한다. 거짓 고소를 한다.

한 교회가 성장하려면 이 다섯 그룹들을 모두 잘 돌보아야 한다. 이 일은 당신에게도 적용된다. 교회에 간다는 것은 단순히 주일 아침에 모습을 드러내는 것이 아니다. 주님은 당신이 이 다섯 그룹-여기에서는 순위에 꼽히지 못한 더 많은 그룹들-을 이해하고 영적인 은사를 사용하여 그들을 돕기를 원하신다. 그러면 다음번에는 그들이 다른 사람들을 도울 수 있게 될 것이다. 걱정하는 자들이 걱정하지 않도록 도우라. 그 과정에서 당신의 걱정마저 사라진다. 더욱이 교회에 걱정하는 분위기가 형성되지 않도록 하라. 그것은 염려를 공격하는 효과적인 방법이다.

어깃장 놓는 사람들

운동선수로 있을 때 나는 몇 가지 중요한 인생의 교훈을 배웠다. 그중 하나는 벤치에서 자리나 덥히고 앉아 있는 선수는 비판적이 되기 쉽다는 것이다. 가장 비판적인 사람이 팀의 성과를 올리는 데 기여하는 일은 가장 적다. 나는 러닝백 선발 선수가 되는 특권을 누린 적이 있다. 내가 선발 선수가 되었다는 것은 선발 선수로 뽑히지 못한 다른 누군가가 있다는 것을 의미했다. 처음에 그들은 자신들에게도 기회가 올 것이라고 생각하며 나를 격려해주었다. 그러나 기회가 오지 않자 그들은 내 다리가 부러지기를 은근히 바라기 시작했다. 그러나 내 다리는 부러지지 않았다. 그러자 그들은 코치의 어리석음에 대해 헐뜯었다. 재능을 재능으로 알아보지 못하는 게 분명하다는 것이었다. 결국 그들은 다른 팀을 응원하기 시작했다!

이것이 어깃장 놓는 사람들이 되어가는 과정이다. 이런 일은 교회에서 흔히 볼 수 있다. 그런 사람들은 경기장에서는 벤치에 앉아 있지만 교회에서는 주변에서 서성거리며 저 멀리 뒤편에 놓인 예배당 의자로 자리를 옮긴다. 그들은 예배가 끝나면 가장 먼저 나갈 준비를 한다. 무관심에서든 반항심에서든 그들은 참여를 거부한다. 그들은 청중의 자세에서 벗어나지 못한다.

그러한 사람들을 우리는 어떻게 대해야 하는가? 성경은 그런 이들을 '권면하라'고 한다. 헬라어 noutheteo는 '결과를 고려하여 지각을 심어주다'라는 의미이다. 자신의 의무를 이행하지 않는 성도, 곧 자신의 은사를 사용하지 않고, 팀의 노력에 협조하지 않는 성도를 알고 있다면 그에게 가까이 다가가 그의 머리에 지각을 심어주도록 노력하라. 부드러운 어조로 이렇게 말하는 것이다.

"당신이 제 할 일을 성실하게 하지 않고 사역에 참여하지 않으며 교회를 비판하는 모습을 전부터 보아왔어요. 계속 그럴 경우 어떤 영적인 결과가 따를지 알고 있지 않나요? 당신이 그런 결과를 원한다고는 생각지 않아요. 저 역시 당신이 그런 일을 겪는 것을 원하지 않고요."

그것은 온화하고 사랑 어린 경고이지만 그 안에는 또한 열정이 들어 있다. 사도 바울이 에베소 교회의 장로들에게 주의를 주었던 방법은 "눈물로"행 20:31이다.

"당신이 그 방향으로 계속 가지 않기를 바랍니다. 하나님께서 무관심과 반항심을 벌하실 테니까요"라는 말에는 아픔이 배어 있다. 누군가를 진정으로 사랑한다면 그에게 경고하는 일에 주저하지 않을 것이다. 나는 주저하지 않고 내 아내와 자녀들, 나와 가까운 사람들에게 그런 일을 한다. 그것은 내가 어떤 지침을 가지고 있어서가 아니라 그들이 영적으로 냉담해지는 불가피한 결과를 맞지 않기를 바라기 때문입니다. 나는 그들과 교회 안의 다른 모든 사람들이 충만한 하나님의 축복을 누리기 원한다.

이러한 대면은 필요한 일이다. 교회에 간다는 것은 의자에 앉아서 누군가의 뒤통수를 응시하다 오는 게 아니다. 그 핵심은 교제에 있다. 교제란 문제 있는 사람들을 포함해 동료 성도들의 삶에 참여하는 것이다.

마음이 약한 자들

이러한 사람들은 변두리에서 서성거리지 않는다. 그들은 중간에 몰려 있다. 그들은 가장자리에 가는 것을 원하지 않는다. 그것은 너무나도 무서운 일이므로! 그들은 염려에 대한 해결책으로서 하나님의 말씀에서 격려를 받아야 한다.

바울은 이렇게 염려하는 신자들을 가리켜 '마음이 약한 자들' 헬라어 oligopsuchos이라고 설명했다. 그 용어는 '작은'과 '영혼'을 의미하는 두 단어에서 유래한다. 그 반대말 megalopsuchos은 흔히 '통이 큰' great souled이라고 번역된다.

흔히 겸손한 사람으로 알려진 모한다스 간디는 자신을 가리켜 '마하트마' mahatma라고 말했다. 이것은 산스크리트어로 거대한 문제와 인간의 필요를 껴안는 사람, 중요한 원리와 진리가 달려 있는 문제이기 때문에 크나큰 위험을 감수하는 사람을 의미한다. 이런 사람은 용감하고 모험심이 있으며 승리를 맛보기 전에라도 그 전투를 사랑한다.

마음이 약한 자들은 이와 대조적으로 도전을 보람이 아닌 위협으로 느낀다. 그들은 익숙한 것을 좋아하기 때문에 전통에 매달리는 경향이 있다. 그들은 전에 해본 적이 없는 일이라면 무엇이든지 주저한다. 그들은 안전한 것을 좋아한다. 절대적으로 안전한, 위험이 없는 삶을 원한다.

삶에서 절대적인 안전이란 불가능한 일이기 때문에 그들은 대개 낙담한다. 교회와 행동을 같이하며 새로운 사역을 시도할 만한 힘이 그들에게는 없다. 그들은 핍박을 두려워하기 때문에 복음을 나누는 것을 힘들어한다. 그들은 문제를 극복하는 대신에 감당하는 일 없이 매사에 허덕댄다. 그들은 그런 일들에 상당한 중압감을 느낀다. 결과적으로 그들 스스로가 교회에서 끌어내어야 할 무거운 짐이 되고 만다.

교회를 하나의 행진 대열로 보자면 그들은 붉은 기를 들고 가는 무리쯤 될 것이다. 다른 모든 사람들이 전진하고 있는데 그들은 그들의 눈에 비전이 안 보이고 실패할지 모른다는 두려움에 멈춤 깃발을 들어버린다. 그들의 마음 깊은 곳에 있는 영웅은 인디애나 존스일 것이다. 하지만 그들은 그것을 인정하는 데 머뭇거린다. 그들은 용기와 모험심 앞에서 감탄하지만 그러한 덕목들을 계발하는 법을 배우기보다는 염려라는 익숙한 양식에 쉽게 빠져들고 만다.

그러한 사람들을 우리는 어떻게 대해야 하는가? 바울은 그들을 격려하라고 간단히 말했다. 여기에 쓰인 헬라어는 누군가와 나란히 서서 말하고 있는 모습을 묘사한다. 두려워하거나 걱정하거나 우울해하거나 낙담하거나 자포자기 상태에 있는 누군가를 알고 있다면, 주님은 당신이 그에게 다가가 그와 다정한 관계를 맺기 원하신다. 당신 자신에게 그런 경향이 있다면 하나님의 말씀으로 당신을 위로하고 위안과 힘을 주며 안심시키고 격려하며 다시금 기운을 불어넣어주고 마음을 달래줄 경건한 사람과 우정을 맺으라. 그러한 관계를 통해 염려에서 벗어나 위안을 받을 수 있기 때문에 당신은 다른 사람이 될 것이다.

어떤 격려가 가장 큰 위안이 되겠는가? 모든 격려 중에서도 하나님께 드리는 기도의 격려, 보장된 구원에 대한 격려, 주권적인 하나님께서 성도들의 유익을 위해 모든 일을 주관하고 계시다는 격려, 그리스도의 사랑에 대한 격려, 최후의 부활과 모든 잘못된 것이 바로잡힐 것이라는 격려… 이 모든 격려와 그 이상의 격려가 걱정 많은 사람을 인생의 모험에 뛰어들게 하는 데 도움이 될 것이다.

힘이 없는 자들

바울은 "힘이 없는 자들"살전 5:14에 대해 말하는데, 믿음에서 힘이 없다는 것은 이 문제가 지닌 한 면에 불과하다. 그것은 너무나 죄에 과민하여 실제로는 전혀 죄가 아닌 것마저 죄로 여기는 사람들의 특징이기도 하다. 바울은 그러한 사람들을 가리켜 로마와 고린도 크리스천들에게 보내는 그의 서신에서 '보다 약한 형제들'이라고 묘사했다 롬 14-15 ; 고전 8장. 그는 이들 교회에게 그들의 염려에 민감해지라고 간청했다.

이러한 사람들은 특별히 죄 가운데서 살다가 그리스도께 나온 경우가 많다. 그들은 옛 습관으로 다시 돌아갈 수 있는 생활양식과 관련된 것이라면 무엇이든지 두려워한다. 그들은 더 많은 죄와 연약함에 빠질 수 있는 상황에서 쉽게 양심의 가책을 느낀다. 그러므로 그들이 옳다고 생각하지 않는 일로 그들을 몰아가서는 안 된다. 아무리 성경이 그 문제와 관련해 '예', '아니오'라는 분명한 답을 주지 않는다 하더라도 말이다. 시간이 걸리더라도 참을성 있게 그들을 돕고 가르칠 때 그들은 하나님의 말씀을 좀 더 온전하게 이해하게 될 것이다 참조 행 18:24-28.

약한 자로 구분될 수 있는 또 다른 무리는 같은 죄에 반복해서 빠지는 사람들이다. 그들은 도덕적으로 연약하다. 야고보가 "너희 중에 병든 자가 있느냐 그는 교회의 장로들을 청할 것이요 그들은 주의 이름으로 기름을 바르며 그를 위하여 기도할지니라"약 5:14라고 말할 때 이들을 염두에 두었을 것이라고 나는 생각한다. 여기서 '병든'이라고 번역된 단어는 데살로니가전서 5장 14절에서 '약한'이라고 번역된 단어와 똑같다. 영적으로, 도덕적으로 연약함을 느끼는가? 믿음이 강한 사람을 찾아가 기도 지원을 부탁하라.

약한 자들은 기도에 덧붙여 '도움'살전 5:14이 필요하다. 여기서 바울은 '꽉 붙잡다', '매달리다', '지원하다', '지지하다'라는 의미를 지닌 헬라어를 사용했다. 다음은 그것이 행동으로 나타났을 때의 모습이다.

"형제들아 사람이 만일 무슨 범죄한 일이 드러나거든 신령한 너희는 온유한 심령으로 그러한 자를 바로잡고 너 자신을 살펴보아 너도 시험을 받을까 두려워하라 너희가 짐을 서로 지라 그리하여 그리스도의 법을 성취하라"갈 6:1-2.

우리는 약한 자들을 격려하고 지지를 보냄으로써 그들을 도울 수 있다. 그러기 위해서는 친밀한 교제가 필요하다. 양들이 서로를 돌볼 때, 즉 어긋장 놓는 사람들을 권면하고 염려하는 사람들을 격려하며 약한 사람들을 충분히 돌보며 도울 때, 교회는 성장한다. 그런 사역을 하려면 사람들의 삶에 뛰어들 필요가 있다.

지치게 하는 자들

"모든 사람을 대하여 오래 참으라"고 바울은 말했다. 누군가에게 좌절하고 성질을 부리고 화를 내기란 쉬운 일이다. 많은 것을 주었는데 돌아오는 것은 너무 적을 때가 있다. 그것은 특히 제자 양육 관계에서 흔한 일이다. 수년 동안 사람들을 양육해왔다면 그러한 실망이 얼마나 큰지 잘 알 것이다.

예수님만큼 그것을 잘 아는 사람은 없다. 복음서에서 수차례나 찾아볼 수 있는 "믿음이 적은 자들아!"라는 그분의 말씀에 실망감이 담겨 있는 것 같지 않은가? 그것은 예수님께서 제자들에게 "내가 이렇게 애써서 너희 모두에게 말하는 것을 너희가 언제 알아듣겠느냐?"라고 말씀하시는 것과 같다. 그러나 그분은 제자들에 대해 참으셨고 때가 되어 그들은 꽃을 피웠다.

어깃장 놓는 자들, 염려하는 자들, 약한 자들 가운데서 살아 남았지만 분노의 제단에서 희생당한 사역자들이 많이 있다. 그들은 결국 마지막에 가서 다음과 같이 말하며 두 손을 들고 만다.

"이 사람들에게 내 인생의 전부를 쏟아부었다. 하지만 내가 빨리 다가갈수록 그들은 더욱 멀어졌다. 그들이 나를 따라오게 만들 도리가 없다! 훈련을 시켜도 훈련받은 대로 행동하지 않는다. 아무리 가르쳐도 가르친 대로 살아가지 않는다."

당신이 사역자이든 아니든 주님은 이렇게 지치게 하는 사람들을 어떻게 대하라고 하시는가? 다만 그들에게 오래 참으라고 하신다. 그렇다면 얼마나 오래 참아야 하는가? 지금까지 참아온 것보다 더 많이 참아야 한다. 하나님께서 당신에게 얼마나 참으시는지 생각해보라. 실제로 하나님은 스스로를 "자비롭고 은혜롭고 노하기를 더디 하고 인자와 진실이 많은 하나님"출 34:6이라고 설명했다. 오래 참음은 하나님의 속성이며, 그것은 하나님의 자녀들의 특징이 되어야 한다.

베드로와 예수님 사이에 오갔던 대화를 떠올려보라.

"주여 형제가 내게 죄를 범하면 몇 번이나 용서하여 주리이까 일곱 번까지 하오리이까 예수께서 이르시되 네게 이르노니 일곱 번뿐 아니라 일곱 번을 일흔 번까지라도 할지니라"마 18:21-22.

그 당시의 종교 지도자들이 세 차례에 이르기까지 용서하라고 말했기 때문에 베드로는 그 양의 두 배가 넘는 횟수를 제시함으로써 자신이 특별히 관대하다고 생각했음에 틀림없다. 그러나 예수님은 우리에게 같은 일을 계속 반복해서 하는, 지치게 하는 이 크리스천들에게 계속되는 인내심의 영을 전하기 위해 상상을 초월한 그분만의 승법을 제시하셨다. 그러한 동정심과 인격적인 사랑은 지치게 하는 이 사람들마저도 변화시킨다.

철저하게 악한 자들

이 무리에게 딱 들어맞는 성경 구절이 있다.

"삼가 누가 누구에게든지 악으로 악을 갚지 말게 하고 서로 대하든지 모든 사람을 대하든지 항상 선을 따르라" 살전 5:15.

여기서의 가정은, 하나님께서 원수 갚는 것을 금하시기 때문에 누군가가 당신에게 악한 일을 했다는 것이다. 우리 크리스천들이 부딪힐 수 있는 가장 어려운 환경이 이것이 아닐까 생각한다. 세상으로부터 고통스러운 대우와 모욕을 당하는 게 아니라 그리스도 안에 있는 형제와 자매들로부터 고통을 당하는 것이다. 그것은 가장 뼈아픈 고통이지만 우리 크리스천의 믿음은 이런 상황에서도 능력을 발휘해야 한다.

준비하라. 교회 안에는 당신에게 상처를 줄 사람들이 있다. 그들은 대놓고 악의에 찬 말로 공격함으로써 당신에게 직접적으로 상처를 입힐 수 있다. 남의 뒷말을 하고 등 뒤에서 헐뜯음으로써 간접적으로 당신에게 상처를 입힐 수도 있다. 그들의 친교 모임에서 당신만 빼놓거나 질투와 비탄 혹은 분노 때문에 당신을 사역에 끼워주지 않을지도 모른다. 그들은 성적인 죄를 통해 당신의 청렴함을 도둑질하고 결혼생활을 깨뜨리거나 자녀들 중 한 명이 죄를 향하도록 영향을 미치기도

한다. 한마디로 악의적인 상처를 입히는 것이다!

그러한 끔찍한 일들을 실제 행동이 아니라 마음속으로 누군가에게 행하고 있다 해도, 다음의 엄중한 경고를 곰곰이 생각해보아야 한다.

"누구든지 나를 믿는 이 작은 자 중 하나를 실족하게 하면 차라리 연자 맷돌이 그 목에 달려서 깊은 바다에 빠뜨려지는 것이 나으니라 실족하게 하는 일들이 있음으로 말미암아 세상에 화가 있도다 실족하게 하는 일이 없을 수는 없으나 실족하게 하는 그 사람에게는 화가 있도다 … 삼가 이 작은 자 중의 하나도 업신여기지 말라 너희에게 말하노니 그들의 천사들이 하늘에서 하늘에 계신 내 아버지의 얼굴을 항상 뵈옵느니라" 마 18:6-7,10.

위 구절은 문맥상 이러한 '작은 자'가 하나님의 자녀인 성도들이지 일반적인 자녀가 아니라는 점을 확실히 한다. 우리는 하나님께 매우 귀한 존재이므로 하나님께서 우리를 돌보실 때 천사들은 그분의 표정 하나에도 주의를 기울인다. 우리에 대한 염려로 하나님의 얼굴에 주름이 질 때면 그들은 얼른 날아와 우리에게 도움을 준다. 우리와 사이가 좋지 않은 누군가가 있다면 그를 엄중하게 대할 것이다. 하나님의 자녀들을 경시하는 것은 무서운 일이 아닐 수 없다.

그럼에도 불구하고 대담하게도 그런 일을 하는 일부 성도들이 있다. 그들이 저지르는 악행의 대상이 될 경우 우리는 어떻게 대응해야 하는가? 바울은 "삼가 누가 누구에게든지 악으로 악을 갚지"살전 5:15 말라고 했다. 원수를 갚지 말라는 것이다.

오직 하나님만이 원수 갚을 권리를 가지고 계신다. 데살로니가전서 5장의 구절과 유사한 본문이 또 있다.

"아무에게도 악을 악으로 갚지 말고 모든 사람 앞에서 선한 일을 도모하라 할 수 있거든 너희로서는 모든 사람과 더불어 화목하라 내 사랑하는 자들아 너희가 친히 원수를 갚지 말고 하나님의 진노하심에 맡기라 기록되었으되 원수 갚는 것이 내게 있으니 내가 갚으리라고 주께서 말씀하시니라 네 원수가 주리거든 먹이고 목마르거든 마시게 하라 그리함으로 네가 숯불을 그 머리에 쌓아 놓으리라 악에게 지지 말고 선으로 악을 이기라"롬 12:17-21.

지금 혹시 이 가르침과 반대되는 것처럼 보이는 다른 성경 구절을 생각하고 있지는 않은가? 구약 성경은 눈에는 눈, 이에는 이, 목숨에는 목숨을 요구하는 권리를 인정하고 있지 않은가? 그렇다. 하지만 그것은 범죄자들을 적절히 처벌하기 위한 통치상의 명령이지 사적인 보복을 해도 좋다는 면허증은 결코 아니다. 예수님은 통치상의 명령을 잘못 적용한 것에 대해 말씀하시며 본질적으로 이런 언급을 하신 것이다.

"너는 원수를 미워한다는 전제 하에 하나님의 법을 곡해하고 있구나. 내가 여기서 네게 말하노니 하나님은 네가 원수를 사랑하고 너에게 악을 행하는 자들에게 선을 행하기를 원하신다" 마 5:43-45.

스스로에게 다음과 같이 말함으로써 예수님께 순종하라.

"이러한 신자들은 철이 더 들어야 하지만, 그들이 나를 아무리 악하게 대할지라도 나는 그들의 악의를 선으로 되돌려줄 것이다."

그것은 신자들뿐만 아니라 우리를 부당하게 대하는 모든 사람들에게 적용된다. 바울은 그것을 이렇게 말했다.

"피차 대하든지 모든 사람을 대하든지 항상 선을 좇으라" 살전 5:15.

그는 갈라디아 사람들에게도 같은 개념에 대해 말했다.

"우리는 기회 있는 대로 모든 이에게 착한 일을 하되 더욱 믿음의 가정들에게 할지니라" 갈 6:10.

교회는 목자와 양들이 어깃장 놓는 사람들을 바로잡기 위해, 염려하는 사람들을 격려하기 위해, 약한 사람들을 세우기 위해, 지치게 하는 사람들에 대해 참기 위해, 그리고 악한 사람들에게 사랑을 되돌려주기 위해 함께 결속할 때 하나의 공동체로서 잘 굴러갈 수 있다. 그것이 바로 염려를 공격하는 데 바탕이 되는, 더욱 큰 그림이다.

염려를 버리고
자족하는 삶으로
이끄는
시편 말씀

하나님이여 나를 건지소서 여호와여 속히 나를 도우소서 … 주를 찾는 모든 자들이 주로 말미암아 기뻐하고 즐거워하게 하시며 주의 구원을 사랑하는 자들이 항상 말하기를 하나님은 위대하시다 하게 하소서 70:1,4

. . .

여호와여 내가 주께 피하오니 내가 영원히 수치를 당하게 하지 마소서 주의 의로 나를 건지시며 나를 풀어주시며 주의 귀를 내게 기울이사 나를 구원하소서 주는 내가 항상 피하여 숨을 바위가 되소서 주께서 나를 구원하라 명령하셨으니 이는 주께서 나의 반석이시요 나의 요새이심이니이다 … 나는 항상 소망을 품고 주를 더욱더욱 찬송하리이다 내가 측량할 수 없는 주의 공의와 구원을 내 입으로 종일 전하리이다 … 하나님이여 내가 늙어 백발이 될 때에도 나를 버리지 마시며 내가 주의 힘을 후대에 전하고 주의 능력을 장래의 모든 사람에게 전하기까지 나를 버리지 마소서 … 우리에게 여러 가지 심한 고난을 보이신 주께서 우리를 다시 살리시며 땅 깊은 곳에서 다시 이끌어 올리시리이다 나를 더욱 창대하게 하시고 돌이키사 나를 위로하소서 71:1-3,14-15,18,20-21

• • •

내 마음이 산란하며 내 양심이 찔렸나이다 내가 이같이 우매 무지함으로 주 앞에 짐승이오나 내가 항상 주와 함께하니 주께서 내 오른손을 붙드셨나이다 주의 교훈으로 나를 인도하시고 후에는 영광으로 나를 영접하시리니 하늘에서는 주 외에 누가 내게 있으리요 땅에서는 주 밖에 내가 사모할 이 없나이다 내 육체와 마음은 쇠약하나 하나님은 내 마음의 반석이시요 영원한 분깃이시라 73:21-26

• • •

내가 내 음성으로 하나님께 부르짖으리니 내 음성으로 하나님께 부르짖으면 내게 귀를 기울이시리로다 나의 환난 날에 내가 주를 찾았으며 밤에는 내 손을 들고 거두지 아니하였나니 내 영혼이 위로받기를 거절하였도다 … 주께서 내가 눈을 붙이지 못하게 하시니 내가 괴로워 말할 수 없나이다 내가 옛날 곧 지나간 세월을 생각하였사오며 밤에 부른 노래를 내가 기억하여 내 심령으로, 내가 내 마음으로 간구하기를 … 하나님이 그가 베푸실 은혜를 잊으셨는가, 노하심으로 그가 베푸실 긍휼을 그치셨는가 하였나이다 (셀라) … 곧 여호와의 일들을 기억하며 주께서 옛적에 행하신 기이한 일을 기억하리이다 또 주의 모든 일을 작은 소리로 읊조리며 주의 행사를 낮은 소리로 되뇌이리이다 하나님이여 주의 도는 극히 거룩하시오니 하나님과 같이 위대하신 신이 누구오니이까 … 주의 팔로 주의 백성 곧 야곱과 요셉의 자손을 속량하셨나이다 (셀라) 77:1-2,4-6,9,11-13,15

• • •

주께 힘을 얻고 그 마음에 시온의 대로가 있는 자는 복이 있나이다 … 그들은 힘을 얻고 더 얻어 나아가 시온에서 하나님 앞에 각기 나타나리이다 … 여호와 하나님은 해요 방패이시라 여호와께서 은혜와 영화를 주시며 정직하게 행하는 자에게 좋은 것을 아끼지 아니하실 것임이니이다 만군의 여호와여 주께 의지하는 자는 복이 있나이다 84:5,7,11-12

• • •

여호와여 나는 가난하고 궁핍하오니 주의 귀를 기울여 내게 응답하소서 나는 경건하오니 내 영혼을 보존하소서 내 주 하나님이여 주를 의지하는 종을 구원하소서 주여 내게 은혜를 베푸소서 내가 종일 주께 부르짖나이다 주여 내 영혼이 주를 우러러보오니 주여 내 영혼을 기쁘게 하소서 86:1-4

· · ·

즐겁게 소리칠 줄 아는 백성은 복이 있나니 여호와여 그들이 주의 얼굴 빛 안에서 다니리로다 그들은 종일 주의 이름 때문에 기뻐하며 주의 공의로 말미암아 높아지오니 주는 그들의 힘의 영광이심이라 우리의 뿔이 주의 은총으로 높아지오리니 89:15-17

· · ·

지존자의 은밀한 곳에 거주하며 전능자의 그늘 아래에 사는 자여, 나는 여호와를 향하여 말하기를 그는 나의 피난처요 나의 요새요 내가 의뢰하는 하나님이라 하리니 … 하나님이 이르시되 그가 나를 사랑한즉 내가 그를 건지리라 그가 내 이름을 안즉 내가 그를 높이리라 그가 내게 간구하리니 내가 그에게 응답하리라 그들이 환난 당할 때에 내가 그와 함께하여 그를 건지고 영화롭게 하리라 91:1-2,14-15

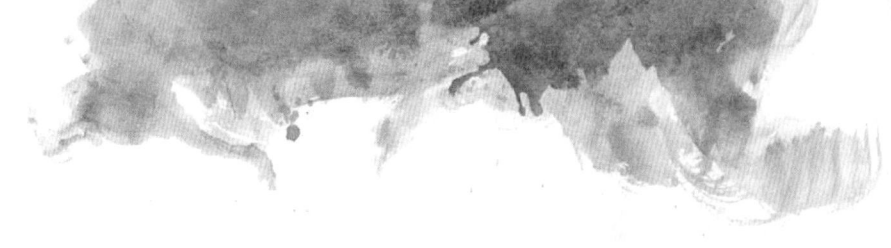

자족하는 삶을 누리는 일곱 번째 단계
하나님이 누리시는 하늘의 평강을 구하라

앞 장에서 바울은 교회 안에서 염려하는 자들을 포함해 문제가 있는 사람들을 어떻게 돌볼지에 대한 실질적인 가르침을 주면서 데살로니가에 보내는 첫 번째 서신을 마무리했다. 이번 장에서는 그가 어떻게 그들에게 보내는 두 번째 편지를 마무리하는지 보겠다. 염려 많은 크리스천 누구라도 자신을 위해 기도해온 이를 사랑하게 되는 기도이다.

"평강의 주께서 친히 때마다 일마다 너희에게 평강을 주시기를 원하노라 … 우리 주 예수 그리스도의 은혜가 너희 무리에게 있을지어다" 살후 3:16,18.

하나님의 평강을 구하는 기도

평강은 일반적으로 모든 일들이 원하는 대로 잘되어갈 때 느끼는 잔잔함, 고요함, 천상의 기쁨, 만족, 그리고 안녕과 같은 의미로 규정된다. 그러나 그러한 정의는 온전하지 못하다. 그러한 느낌은 알약 한 알이나 술, 낮잠, 막대한 상속 또는 계획적인 속임수로도 느낄 수 있는 것이기 때문이다. 평소 달콤한 말이라고는 할 줄 모르는 사랑하는 친구나 누군가로부터 확신의 말을 들었을 때도 그런 종류의 평강을 느낄 수 있다.

그러나 그것은 바울이 마음에 두었던 종류의 평강이 아니다. 하나님의 평강은 인간이나 인간의 환경과 아무 상관이 없다. 실제로 하나님의 평강은 인간의 수준에서 만들 수 있는 것이 전혀 아니다. 인간이 만들어낼 수 있는 평강은 그 어떤 것이라도 깨지기가 무척 쉽다. 그것은 실패와 의심, 두려움, 어려움, 죄의식, 수치심, 고민, 후회, 비애, 잘못된 선택을 할지 모른다는 염려, 누군가에게 부당한 대우를 받거나 피해를 입을지도 모른다는 짐작, 미래에 대한 불확실성, 우리의 지위나 재산을 노리는 그 밖의 도전들에 의해 즉시 파괴할 수 있다. 실제로 우리는 이러한 일들을 매일같이 겪고 있다.

반면에 하나님께서 주시는 평강은 삶의 부침浮沈에 영향을 받지 않는다. 그것은 영적인 평강이요, 우리가 믿음을 가질 때, 그래서 우리 자신과 하나님 사이에서 모든 것이 만족스럽다는 것을 깊이 알 때 머리와 가슴에서 생겨나는 태도이다. 평강과 함께한다는 것은 하나님께서 사랑으로 모든 것을 다스리고 계심을 확신하는 것이다. 크리스천으로서 우리는 우리가 죄사함을 받았다는 것과 하나님께서 우리의 안녕에 관심을 가지고 계시다는 것, 천국이 우리의 운명이라는 것을 확실히 알아야 한다. 하나님의 평강은 거룩한 권리로 우리가 소유하고 누릴 수 있는 특권이다. 먼저 그 기원에 대해 생각해보자.

평강은 하나님의 것이다

데살로니가후서 3장 16절은 몇 가지 방식으로 우리를 위해 이 평강을 정의하고 있다. 우선 그것은 하나님의 것이다.

"평강의 주께서 친히 … 너희에게 평강을 주시기를 원하노라."

평강의 주님이란 다름 아닌 평강을 주시는 분이다. 헬라어 구문에서 강조되고 있는 '친히'라는 말은 하나님께서 개인적으로 연루되어 있음을 분명히 나타내고 있다. 크리스천의 평강, 크리스천의 특징이라고 할 수 있는 평강은 그분으로부터 개인적으로 온다. 그것은 그분의 본성 중에서도 매우 핵심적인 부분이다.

간단히 말해, 평강은 하나님의 속성이다. 하나님의 속성을 열거해보라고 하면 아마도 사랑, 은혜, 자비, 공의, 거룩함, 지혜, 진리, 전능함, 불변함, 불멸함 등이 마음에 가장 쉽게 떠오를 것이다. 그런데 하나님을 평강으로 특징지어진 존재로서 생각해보았는가? 실제로 그분은 평강이시다. 그분이 우리에게 주시는 것이 무엇이든 간에 그분은 평강을 가지고 계시고 평강이시다. 그분 안에 있는 온전한 평강에 부족함이란 없다. 하나님은 스트레스를 절대 받지 않으신다. 그분은 절대 불안해하지 않으신다. 걱정하지 않으신다. 의심하지 않으신다. 두려워하지 않으신다. 서로 어긋나는 말씀을 하지 않으신다. 정리해야 할 마음의 문제를 가지고 계시지 않는다.

하나님은 온전한 고요함과 만족함 가운데 사신다. 그 이유는 무엇인가? 그분은 모든 일에 책임을 지시고 자신의 의지에 따라 모든 일을 완벽하게 운영하실 수 있기 때문이다. 그분은 전지하시기 때문에 놀라는 법이 결코 없다. 그분의 전능함을 위협하는 것은 없다. 그분의 거룩함을 더럽힐 수 있는 죄란 있을 수 없다. 그분의 진노조차 투명하고 통제되어 있으며 신뢰할 만한 것이다. 그분의 마음에 후회란 없다. 왜냐하면 그분은 어떤 식으로든 바꿀 일을 행하거나 말씀하거나 생각하지 않으시기 때문이다.

하나님은 당신 자신 안에서 완벽한 조화를 즐기신다. 성경은 그분을 가리켜 '평강의 주님'이라고 부르는데, 헬라어 구문을 보면 '평강'으로 번역된 단어 앞에 정관사가 붙는다. 이것은 그분이 말 그대로 '그 평강의 주님'이라는 뜻이다. 그 평강이야말로 진짜 평강, 세상이 가진 그런 종류가 아니라 하늘의 평강이다. 바울은 우리가 그런 평강을 경험하게 될 것이라고 기도한다. 그 평강의 근원은 하나님, 오직 하나님 한 분이시다.

평강은 선물이다

평강은 하늘에서 온 것일 뿐만 아니라 또한 선물이다. 바울이 "평강의 주께서 친히 때마다 일마다 너희에게 평강을 주시기를 원하노라"고 기도했을 때 '주시기를' grant 이라고 번역된 동사는 '주다'라는 의미를 갖는다. 이것은 선물이라는 말이다. 하나님의 평강은 예수 그리스도를 주主로 믿는 이들에게 주어지는 주권적이고 은혜로운 선물이다.

예전에 전혀 주목하지 않았을지도 모르는 구절인 시편 85편 8절에서 시편 기자는 말한다.

"내가 하나님 여호와의 하실 말씀을 들으리니 대저 그 백성, 그 성도에게 화평을 말씀하실 것이라."

하나님은 그분께 속한 사람들에게 평강을 허락하셨다. 예수님은 "나의 평안을 너희에게 주노라 내가 너희에게 주는 것은 세상이 주는 것과 같지 아니하니라 너희는 마음에 근심하지도 말고 두려워하지도 말라"요 14:27고 말씀하셨다. 염려하는 이에게 하나님의 평강보다 더 큰 선물은 없다.

그러나 어떤 사람들은 거짓 평강을 통해 그들의 염려를 없애보려고 한다. 하나님은 그분의 평강을 허락하신 이들에게 너그러우시지만 거기에는 제한이 있다. 이사야는 "나 여호와가 말하노라 먼 데 있는 자에게든지 가까운 데 있는 자에게든지 평강이 있을지어다 평강이 있을지어다 내가 그를 고치리라 하셨느니라 오직 악인은 능히 안정치 못하고 그 물이 진흙과 더러운 것을 늘 솟쳐내는 요동하는 바다와 같으니라 내 하나님의 말씀에 악인에게는 평강이 없다 하셨느니라"57:19-21고 말했다. 그분은 멀리서든 가까이에서든-그분에 대해 많은 것을 들으며 자란 사람이든, 들은 게 전혀 없는 사람이든-그분께 오는 자들에게 평강을 허락하실 것이다. 그러나 그에게 오지 않는 자들, 악한 자들은 참평강을 누릴 수 없다.

토마스 왓슨은 이에 덧붙여 「신성한 몸」A Body of Divinity에서 다음과 같이 설명한다.

평강은 신성함에서 흘러나온다. 그러나 거듭나지 않은 악한 자들은 평강과 아무 상관이 없다. 잠시 고통이 멈출 수는 있지만 평강은 아니다. 하나님께서 악한 자들을 잠시 참으시고 대포의 울림을 멈추시게 할지라도 그것은 잠시 고통이 멈추는 것일 뿐 평강은 아니다. 악한 자는 평강처럼 보이는 어떤 마음을 가질 수는 있어도 그것은 평강이 아니다. 그는 용감할 수도 아둔할 수도 있다. 그러나 무감각한 마음과 차분한 마음에는 큰 차이가 있다. 무감각은 악마의 평강이다. 악마는 안심이라는 요람에 있는 사람들을 뒤흔든다. 사람들이 지옥의 낭떠러지 위에 있을 때에도 악마는 "평강, 평강"을 외친다. 죄인이 가지고 있는 그럴듯한 평강은 행복을 아는 지식이 아니라 위험을 모르는 무지의 소치이다.

악한 자의 평강은 망상의 원인이 된다. 참된 평강은 구원하시는 하나님 은혜의 산물이다. 데살로니가후서를 마무리하는 구절과 비슷한 한 기도문에서 바울은 이렇게 말했다.

"소망의 하나님이 모든 기쁨과 평강을 믿음 안에서 너희에게 충만하게 하사" 롬 15:13.

평강은 믿는 자들에게 주어지는 하나의 선물이다.

평강은 계속해서 주어진다

하나님의 평강은 계속해서 주어지는 선물이다. 이와 같은 진리를 표현하는 또 다른 방법으로 바울이 어떻게 말했는지 보자.

"평강의 주께서 친히 때마다 일마다 너희에게 평강을 주시고 주께서 너희 모든 사람과 함께하시기를 원하노라"살후 3:16.

바울은 "때마다 일마다"라는 말을 덧붙임으로써 평강이 계속해서 우리에게 주어지는 것임을 강조한다. 그러나 한편 그것은 중단될 수 있는 것임을 암시하기도 한다.

우리의 영적인 평강을 도중에 방해하는 당사자는 하나님이 아니라 우리 자신이다. 우리는 살아가면서 여전히 이 세상의 일부를 이루고 있는 육체에 굴복함으로써 평강의 흐름을 끊어놓을 수 있다. 육체를 다스리는 우리의 수단인 "성령을 좇아 행하지"갈 5:16 않는 한 우리는 온갖 염려, 다시 말해 미지의 것에 대한 공포, 질병과 죽음에 대한 두려움에 문을 열어놓고 있는 것이다. 우리가 염려하는 일들은 그 밖에도 많다. 이런 유감스러운 과정은 어떻게 시작되는가? 우리를 확실하게 그분의 영광 안으로 인도하실 그리스도 안에서 영구적인 상황을 더 이상 바라보지 않을 때, 행복의 기초를 세상의 덧없는 것에 두기 시작할 때 그러한 일들은 반드시 일어난다. 그러므로 그런 일들이 일어날 때 동요된다면 우리는 고통 가운데 생애를 보내게 될 것이다.

인생의 가장 어려운 문제들을 겪으면서도 평온함을 지킬 수 있는 사람들은 그 일에 무관심한 게 아니다. 다만 하나님을 신뢰하는 것이다. 우리의 인생 여정이 다소 울퉁불퉁한 길이라면 어떻게 하겠는가? 골치 아프고 염려되고 두려운 일들을 만난다면 어떻게 하겠는가? 우리는 어떻게 평강을 회복할 수 있는가? 어떻게 평강을 끊어지지 않게 유지할 수 있는가?

시편 기자는 스스로에게 이렇게 말했다.

"내 영혼아 네가 어찌하여 낙심하며 어찌하여 내 속에서 불안해 하는가 너는 하나님께 소망을 두라 나는 그가 나타나 도우심으로 말미암아 내 하나님을 여전히 찬송하리로다" 시 42:11.

그는 하나님께서 그를 돕기 위해 거기에 계심을 스스로에게 상기시켰다. 하나님은 신뢰할 만한 분이시므로, 우리는 그분을 신뢰할 수 있다. 그분은 진정으로 우리를 돌보신다.

오래전 하나님은 평강이 그분의 말씀을 순종하는 데서 온다는 것을 이스라엘 백성들에게 충분히 명확하게 밝히셨다 레 16:1-6. 같은 진리가 오늘날에도 적용된다. 평강은 순종을 통해 회복된다. 그 첫걸음은 죄에서 돌아서는 것이다. 그 죄는 때때로 의심이나 두려움, 염려 그 자체이기도 하지만 그러한 느낌들을 만들어내는 잠재적인 죄일 수도 있다. 당신의 마음을 잘 들여다보고 불안의 원인이 되는 것을 단절시켜라. 드러난 죄를 끊어버리고 그 반대되는 덕목을 적용함으로써 하나님께 순종하라. 염려의 경우, 그것은 삶의 세밀한 부분들까지 돌보시는 하나님을 믿는 것을 의미한다.

평강을 회복하기 위해서는 하나님께서 당신의 삶에 두기에 적절하다고 보시는 어떤 스트레스나 어려움을 받아들이는 것도 하나의 방법이다. 욥기에 나오는 다음의 구절을 보라.

"볼지어다 하나님께 징계 받는 자에게는 복이 있나니 그런즉 너는 전능자의 징계를 업신여기지 말지니라 하나님은 아프게 하시다가 싸매시며 상하게 하시다가 그의 손으로 고치시나니 … 기근 때에 죽음에서, 전쟁 때에 칼의 위협에서 너를 구원하실 터인즉 네가 혀의 채찍을 피하여 숨을 수가 있고 멸망이 올 때에도 두려워하지 아니할 것이라 너는 멸망과 기근을 비웃으며 들짐승을 두려워하지 말라 들에 있는 돌이 너와 언약을 맺겠고 들짐승이 너와 화목하게 살 것이니라 네가 네 장막의 평안함을 알고 네 우리를 살펴도 잃은 것이 없을 것이며" 욥 5:17-18,20-24.

하나님께서 당신을 완벽하게 하시려고 당신에게 닥친 모든 어려움들을 사용하고 계심을 이해한다면 당신은 평강 가운데 있게 될 것이다. 그 모든 것들은 결코 헛된 일들이 아니다. 왜 이런저런 일을 겪는지 항상 알 수 있는 것은 아니지만 거기에는 선한 이유가 있다. 그 사실에 용기를 얻으라. 신약 성경에서 바울은 평강을 원한다면 선한 일을 하라고 말했다 롬 2:10. 선한 일을 하는 사람마다 평강을 누리게 될 것이다. 더욱 구체적으로 말하자면 "오직 위로부터 난 지혜는 첫째 성결하고 다음에 화평하고 관용하고 양순하며 긍휼과 선한 열매가 가득하고 편견과 거짓이 없나니 화평하게 하는 자들은 화평으로 심어 의의 열매를 거두느니라"약 3:17-18고 했다. 그 말씀을 따라 살라. 다시 말해 하늘의 지혜를 따라, 하나님께서 드러내신 의의 기준을 따라 살라. 그럴 때 평강이 찾아온다.

당신의 삶에서 하나님의 평강을 잃어버렸다면 다시 그것을 찾을 수 있다. 모든 일에서 하나님을 신뢰함으로써, 죄에서 돌아섬으로써, 순종의 길을 걸음으로써, 당신의 삶에서 그분이 행하시는 제련을 견뎌냄으로써, 선한 일을 함으로써, 그리고 의로운 동기로 하나님의 말씀을 따라 살아감으로써 당신이 걸어온 길을 되짚어보라. 바울이 말했듯이 하나님의 평강은 때마다 일마다 당신에게 주어질 것이다. 평강이 가져다주는 유익을 누리라.

평강은 환경에 영향을 받지 않는다

하나님의 평강이 지닌 마지막 특징은, 그것이 환경에 영향을 받지 않는다는 것이다. 바울은 우리가 때마다 일마다 '모든 환경 속에서' 평강을 누리기를 기도했다. 이 평강은 세속의 영역에서 일어나는 그 어떤 일에도 영향을 받지 않는다. 그것은 그 어떤 인간적인 관계나 환경 가운데서 이루어지지 않는다. 그보다는 변하지 않는 거룩한 관계와 거룩한 계획, 그리고 틀림없이 믿을 수 있는 하나님의 약속 위에서 이루어진다. 하나님은 당신을 그분 안에서 안전하게 하시고 당신의 유익을 위해 모든 일을 하실 분이다. 이 평강은 깨지지 않고 의심할 여지가 없으며 선험적이다.

앞서 언급했듯이 예수님은 "평안을 너희에게 끼치노니 곧 나의 평안을 너희에게 주노라 내가 너희에게 주는 것은 세상이 주는 것과 같지 아니하니라 너희는 마음에 근심하지도 말고 두려워하지도 말라"요 14:27고 말씀하셨다. 그분은 "세상의 평안과 비교할 수 없이 뛰어난, 그 어떤 인간적인 환경에 공격받지 않고 세상의 평안과는 다른 평안을 너희에게 주므로 두려워하거나 염려할 게 아무것도 없다"고 말씀하신 것이다. 우리의 인생을 끌어내리고 곤경에 몰아넣는 세상의 격변 한가운데서도 평온함을 유지할 때, 우리는 예수님께서 그분의 약속들을 지키심을 경험하게 된다.

하나님의 은혜를 구하라

바울은 우리가 그런 종류의 행복을 누리기를 염원했다. 그래서 서신 끝에 가서 "우리 주 예수 그리스도의 은혜가 너희 무리에게 있을지어다"살후 3:18라는 말로 작별 인사를 했다. 그는 그리스도를 믿는 모든 남녀가 하나님의 은혜 안에 머물기를 원했다.

은혜는 그 은혜를 받을 자격이 없는 사람들에게 주어지는 하나님의 선하심 또는 선행이다.

"은혜와 진리는 예수 그리스도로 말미암아 온 것이라"요 1:17.

"모든 사람에게 구원을 주시는 하나님의 은혜가 나타난"딛 2:11 것은 하나님의 아들 곧 예수님 안에서였다. 일단 그리스도를 믿음으로 이 구원의 은혜를 끌어안으면 우리는 우리를 염려하게 만들기 쉬운 어떤 어려움도 견뎌낼 수 있는 은혜의 복을 받는다. 바울은 그에게 큰 염려를 가져다준 한 어려움에 대해 고백하면서 이 은혜에 대해 설명했다.

"여러 계시를 받은 것이 지극히 크므로 너무 자만하지 않게 하시려고 내 육체에 가시 곧 사탄의 사자를 주셨으니 이는 나를 쳐서 너무 자만하지 않게 하려 하심이라 이것이 내게서 떠나가게 하기 위하여 내가 세 번 주께 간구하였더니 나에게 이르시기를 내 은혜가 네게 족하도다 이는 내 능력이 약한 데서 온전하여짐이라 하신지라 그러므로 도리어 크게 기뻐함으로 나의 여러 약한 것들에 대하여 자랑하리니 이는 그리스도의 능력이 내게 머물게 하려 함이라 그러므로 내가 그리스도를 위하여 약한 것들과 능욕과 궁핍과 박해와 곤고를 기뻐하노니 이는 내가 약한 그때에 강함이라" 고후 12:7-10.

성도로서 우리는 또한 거룩한 예배를 드리도록 우리를 준비시켜주시는 은혜를 받는다. 바울은 이렇게 말하며 이 은혜에 대한 감사를 표현했다.

"나를 능하게 하신 그리스도 예수 우리 주께 내가 감사함은 나를 충성되이 여겨 내게 직분을 맡기심이니 내가 전에는 비방자요 박해자요 폭행자였으나 도리어 긍휼을 입은 것은 내가 믿지 아니할 때에 알지 못하고 행하였음이라 우리 주의 은혜가 그리스도 예수 안에 있는 믿음과 사랑과 함께 넘치도록 풍성하였도다" 딤전 1:12-14.

은혜를 통해 우리는 우리 주님과 구세주 예수 그리스도를 아는 지식에서 영적으로 성장할 수 있다 벧후 3:18. 바울은 물질의 영역에서 고린도 교회 교인들에게 주님의 일에 드리는 데 관대하라고 격려하면서 하나님의 은혜를 나타냈다.

> "하나님이 능히 모든 은혜를 너희에게 넘치게 하시나니 이는 너희로 모든 일에 항상 모든 것이 넉넉하여 모든 착한 일을 넘치게 하게 하려 하심이라" 고후 9:8.

하나님의 은혜를 통해 우리는 구원을 받고, 염려를 극복하고, 직분을 감당할 수 있도록 스스로 준비하고, 영적으로 성장하며, 하나님 안에서 부요해질 수 있다. 하나님의 평강과 같이 우리는 하나님의 은혜를 누릴 수 있으며 거기에는 제한이 없다. 다시 말하지만, 하나님의 평강과 같이 하나님의 은혜를 받는 조건은 하나님을 신뢰하고, 죄에서 돌아서고, 훈련 과정을 견뎌내며, 선을 행하고 말씀대로 사는 것이다. 우리가 마땅히 되어야 할 모습일 때, 하나님은 우리에게 그분의 평강과 은혜를 불어넣어주신다. 그리고 그것은 염려를 몰아내는 하나의 훌륭한 방법이다.

개인적인 이야기를 하며 이 장을 마치고 싶다. 바로 이 메시지를 그레이스교회 회중에게 전하고 나서 며칠 후에 나는 내 삶에 직접 그것을 적용할 절호의 기회를 가졌다. 아내와 막내 딸이 심각한 자동차 사고를 당했는데 아내 패트리샤가 살

가망이 없을 것 같다는 소식을 전해들은 것이다. 눈앞이 캄캄했다. 유감스럽게도 자세한 이야기 없이 사건의 윤곽만 전해들었는데 아내가 이미 숨을 거둔 게 아닐까 걱정되었다.

병원까지 먼 길을 운전해가는 동안 나는 이 가혹한 상황에 대해 곰곰이 생각해보는 시간을 가졌다. 그러다 차차 마음이 안정되기 시작했다. 하나님은 실수하지 않는 분임을 알고 있었기 때문이다. 하나님의 은혜가 우리 가족의 삶에 함께하고, 그분이 우리를 온전히 다스리고 계시지 않은가? 결국 하나님께서 아내와 딸의 목숨을 둘 다 살리시고 감사하게도 아내가 회복되었다는 소식을 전하게 되어 기쁘다. 하나님의 은혜에 깊이 의지할 때 하나님께서 가장 어려운 시련을 지나는 당신을 끝까지 돌보실 것이다.

염려를 버리고
자족하는 삶으로
이끄는
시편 말씀

여호와여 나의 발이 미끄러진다고 말할 때에 주의 인자하심이 나를 붙드셨사오며 내 속에 근심이 많을 때에 주의 위안이 내 영혼을 즐겁게 하시나이다 … 여호와는 나의 요새이시요 나의 하나님은 내가 피할 반석이시라 94:18-19,22

. . .

기쁨으로 여호와를 섬기며 노래하면서 그의 앞에 나아갈지어다 … 여호와는 선하시니 그의 인자하심이 영원하고 그의 성실하심이 대대에 이르리로다 100:2,5

. . .

여호와여 내 기도를 들으시고 나의 부르짖음을 주께 상달하게 하소서 나의 괴로운 날에 주의 얼굴을 내게서 숨기지 마소서 주의 귀를 내게 기울이사 내가 부르짖는 날에 속히 내게 응답하소서 … 내가 음식 먹기도 잊었으므로 내 마음이 풀같이 시들고 말라버렸사오며 나의 탄식 소리로 말미암아 나의 살이 뼈에 붙었나이다 … 내가 밤을 새우니 지붕 위의 외로운 참새 같으니이다 … 주의 분노와 진노로 말미암음이라 주께서 나를 들어서 던지셨나이다 … 여호와께서 빈궁한 자의 기도를 돌아보시며 그들의 기도를 멸시하지 아니하셨도다 102:1-2,4-5,7,10,17

· · ·

여호와는 긍휼이 많으시고 은혜로우시며 노하기를 더디 하시고 인자하심이 풍부하시도다 자주 경책하지 아니하시며 노를 영원히 품지 아니하시리로다 우리의 죄를 따라 우리를 처벌하지는 아니하시며 우리의 죄악을 따라 우리에게 그대로 갚지는 아니하셨으니 이는 하늘이 땅에서 높음같이 그를 경외하는 자에게 그의 인자하심이 크심이로다 … 아버지가 자식을 긍휼히 여김같이 여호와께서는 자기를 경외하는 자를 긍휼히 여기시나니 이는 그가 우리의 체질을 아시며 우리가 단지 먼지뿐임을 기억하심이로다 103:8-11,13-14

· · ·

사람이 흑암과 사망의 그늘에 앉으며 곤고와 쇠사슬에 매임은 하나님의 말씀을 거역하며 지존자의 뜻을 멸시함이라 … 이에 그들이 그 환난 중에 여호와께 부르짖으매 그들의 고통에서 구원하시되 … 미련한 자들은 그들의 죄악의 길을 따르고 그들의 악을 범하기 때문에 고난을 받아 그들은 그들의 모든 음식물을 싫어하게 되어 사망의 문에 이르렀도다 이에 그들이 그들의 고통 때문에 여호와께 부르짖으매 그가 그들의 고통에서 그들을 구원하시되 그가 그의 말씀을 보내어 그들을 고치시고 위험한 지경에서 건지시는도다 여호와의 인자하심과 인생에게 행하신 기적으로 말미암아 그를 찬송할지로다 … 궁핍한 자는 그의 고통으로부터 건져주시고 그의 가족을 양떼같이 지켜주시나니 … 지혜 있는 자들은 이러한 일들을 지켜보고 여호와의 인자하심을 깨달으리로다 107:10-11,13,17-21,41,43

. . .

할렐루야, 여호와를 경외하며 그의 계명을 크게 즐거워하는 자는 복이 있도다 … 그는 영원히 흔들리지 아니함이여 의인은 영원히 기억되리로다 그는 흉한 소문을 두려워하지 아니함이여 여호와를 의뢰하고 그의 마음을 굳게 정하였도다 그의 마음이 견고하여 두려워하지 아니할 것이라 그의 대적들이 받는 보응을 마침내 보리로다 112:1,6-8

. . .

여호와께서 내 음성과 내 간구를 들으시므로 내가 그를 사랑하는도다 그의 귀를 내게 기울이셨으므로 내가 평생에 기도하리로다 사망의 줄이 나를 두르고 스올의 고통이 내게 이르므로 내가 환난과 슬픔을 만났을 때에 … 여호와께서는 순진한 자를 지키시나니 내가 어려울 때에 나를 구원하셨도다 내 영혼아 네 평안함으로 돌아갈지어다 여호와께서 너를 후대하심이로다 주께서 내 영혼을 사망에서, 내 눈을 눈물에서, 내 발을 넘어짐에서 건지셨나이다 내가 생명이 있는 땅에서 여호와 앞에 행하리로다 116:1-3,6-9

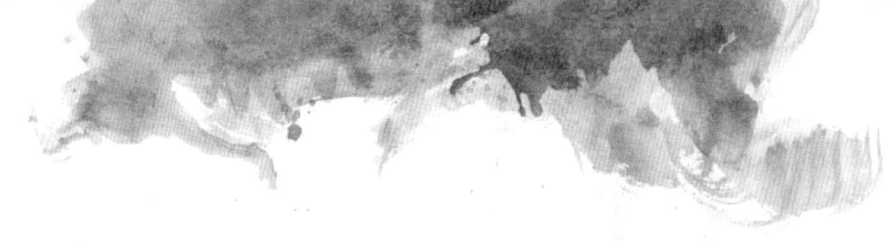

자족하는 삶을 누리는 여덟 번째 단계

감사의 영으로 불평을 몰아내라

염려와 관련해 내가 확인한 성경 구절 중 하나는 빌립보서 4장 6절에 나오는 바울의 직설적인 명령이다.

"아무것도 염려하지 말라."

앞으로 남은 두 장에서는 빌립보서에 나오는 두 가지 다른 구절들을 엄밀하게 살펴볼 것이다. "아무것도 염려하지 말라"는 명령 앞에 나오는 구절과 그 뒤에 나오는 구절이 그것이다. 그 구절들은 피해야 할 습관과 개발해야 할 태도를 구체적으로 밝힘으로써 염려를 공격하는 방법에 대한 우리의 이해를 일괄하여 다룬다. 지금까지 배워온 것을 바탕으로 끝까지 연구해본다면 바울이 실행 불가능한 일을 명하지 않았음을 알게 될 것이다. 그 첫 번째 구절은 다음과 같다.

"모든 일을 원망과 시비가 없이 하라 이는 너희가 흠이 없고 순전하여 어그러지고 거스르는 세대 가운데서 하나님의 흠 없는 자녀로 세상에서 그들 가운데 빛들로 나타내며 생명의 말씀을 밝혀 나의 달음질이 헛되지 아니하고 수고도 헛되지 아니함으로 그리스도의 날에 내가 자랑할 것이 있게 하려 함이라" 빌 2:14-16.

불만으로 가득 찬 사회

우리는 불평하기 좋아하는 사회에 살고 있다. 아이러니하게도 그 어느 때보다 욕구를 잘 채우고 있는 이 사회는 또한 불만이 가장 많은 사회이기도 하다. 사람들은 더 많은 것을 소유할수록 자신이 가지고 있는 것에 만족하지 못하는 경향을 보인다. 말없이 고통을 견디는 것을 좋게 생각하지 않는다. 확실히 우리는 불평을 일삼는 세대로 자라나고 있다.

라디오를 듣다가 각성을 촉구하는 한 사회학자의 강연을 우연히 듣게 되었다. 그는 불평하는 태도와 책임감, 그리고 무엇 하나 마음에 들어하는 게 없는 부루퉁한 불평분자로 특징지어진 젊은이들에 대해 이야기하고 있었다. 그는 이 불만에 찬 세대가 주로 핵가족의 산물이라는 명제를 전제로 했다.

현대 사회에서 대부분의 가족들은 자녀가 아예 없거나 하나나 둘 정도를 두고 있다. 물질주의 사회에서 핵가족은 이기심과 제멋대로인 어린이를 양성하기 쉽다는 이론이다. 아침 식탁의 광경을 그려보자. 어머니가 두 아이에게 묻는다.

"점심 도시락으로 뭘 싸면 좋겠니?"

한 아이는 땅콩버터를 싸달라고 하고 다른 아이는 참치를 싸달라고 말한다. 어머니는 주문받은 대로 점심을 준비하기 시작한다. 아이들이 이제 막 학교에 갈 시간이 되었을 때 어머니는 이렇게 묻는다.

"방과 후에 저녁으로 뭘 먹으면 좋겠니?"

큰아이는 "글쎄요. 이게 좋겠어요"라고 말하고, 둘째아이는 "나는 저게 좋아요"라고 말한다. 엄마는 "알았어. 큰애 널 위해서는 이걸 준비하고 작은애 널 위해서는 저걸 준비할게"라고 말한다.

핵가족의 저녁 식탁 앞에서 어머니는 색다른 요리를 준비하느라 땀을 뻘뻘 흘리며 애를 썼는데 음식을 한 입 먹은 후 아이들 중 적어도 한 명은 이런 말을 할지도 모른다.

"나, 이거 싫어요. 다른 거 먹고 싶어요."

자녀가 다섯이나 여섯 정도 되는 가정에서 한 아이가 그런 말을 했다면 옆에 있는 아이가 얼른 "잘됐네" 하며 그 음식을 덥석 먹어버릴 것이다.

대부분의 대가족에서는 주로 물자 분배를 이유로 자녀들이 권위를 따랐다면, 핵가족에서는 권위가 아이들을 따라가고 있다.

어렸을 때 나는 자유를 원했기 때문에 빨리 어른이 되고 싶었다. 나는 주변 환경에 순응해야 했고 실제로 그러했다. 먹을 것, 입을 것이 풍족하지 않았기 때문에 음식이나 옷을 가리거나 투정 부릴 처지가 아니었다.

그런데 지금은 그 반대가 되었다. 자유로운 가정환경에서 자란 어린이들은 어른이 되는 것을 원하지 않는다. 왜냐하면 그것은 곧 그들에게 순응을 의미하기 때문이다. 그들은 직업을 갖고 싶어하지 않는다. 직장에서 아무도 이런 식으로 말하지 않을 것이기 때문이다.

"사무실을 어떻게 꾸미면 좋을까요? 몇 시에 점심을 먹으면 좋을까요?"

대신에 사람들은 당신을 특정한 작업라인 같은 곳에 놓고 당신이 그들의 규칙에 따라주기를 기대한다. 그러니 어른이 되거나 집에서 독립해 나오기를 원하지 않는 젊은 세대들이 생긴 현상이 놀라운 일도 아니다!

평범한 고등학생이나 대학생들에게 졸업 후 무슨 일을 하고 싶은지 물어보라. 그러면 대개 이런 대답이 돌아올 것이다.

"모르겠어요."

사회학자들은 그들 중 많은 이들이 이런 식으로 느끼는데, 그것은 그들이 책임을 뒤로 미루고 있기 때문이라는 이론을 내놓는다. 어린이로서 누리는 자유가 시스템에 순응하는 것보다 훨씬 매력적으로 보이는 것이다. 그들의 부모들은 대개 좋은 의도를 가지고 있기는 하지만 알지 못하는 사이에 자녀들을 책임감 없는 사람으로 훈련시키고 있는 것이다.

이런 식으로 자란 아이들은 현실에 부닥쳤을 때 결국은 어쩔 수 없이 직업을 구하는데, 되도록 적게 일하고 돈은 많이 버는 일이라면 가리지 않고 찾아나선다. 도덕심이나 탁월함을 위해 일하지는 않는다. 이러한 '성인 어린이들'의 목표는 돈을 많이 벌어서 하고 싶은 일들을 마음껏 즐기는 데 있다. 그들의 차에 붙이고 다니면 어울릴 만한 스티커 문구는 대략 다음과 같을 것이다.

"최고의 장난감과 함께 죽는 자가 성공한 인생이다."

그들은 소형 디지털 기기나 모형 배, 자동차, 휴가 여행 등 잃어버린 어린 시절의 정열에 다시 불을 붙일 수 있는 것이라면 무엇이든지 수집함으로써 어른들의 필요악으로부터 최고의 것을 뽑아내려고 애를 쓴다.

그러나 그것은 공허한 추구에 지나지 않는데, 그 이유는 예수님께서 말씀하신 대로 "사람의 생명이 그 소유의 넉넉한 데 있지 아니" 눅 12:15 하기 때문이다. 이러한 성인 어린이들은 내면에 공허함을 느끼고 자신들이 뭔가 잃어버리고 있다는 것을 안다. 그러나 그 이유가 그들이 영적인 피해를 입어가면서까지 육적인 것을 강조하고 있기 때문이라는 사실을 깨닫지 못하고, 대부분은 자신들이 충분히 소유하지 못하고 있기 때문이라고 생각한다. 그리고 지금 가지고 있는 어떤 것에도 만족할 줄 모른다! 더욱이 그런 태도는 전염성이 있어 오늘날 우리 사회가 냉소적으로 흘러가는 이유가 된다.

불평분자들은 시간에 대해 점점 더 인색해져간다. 대부분의 사람들이 무엇에 대해 불평하고 염려하며 심지어 분노하는지 생각해보라. 나 역시 이러한 일들에 필요 이상으로 휘둘리고 괴로워했음을 인정한다. 교통 정체와 같은 일상적인 상황에서조차 지나치게 신경질을 부렸다. 앞에서 꾸물거리는 거북이 운전자와 길을 막고 선 사람들로 인해 우리는 쉽사리 죄에 빠지고 만다! 수다스러운 사람들은 또 얼마나 짜증나는지…. 길게 늘어선 줄이든 짧은 줄이든 줄이라면 진절머리가 나지 않는가! 우리는 각자의 방식대로 지금 당장 원하는 것을 얻고 싶어 안달한다!

사람들이 우는 아기들 앞에서 얼마나 절망하는지 생각해보라. 그들을 생활의 일부로 받아들이지 못한 채 끔찍하고 음울한 불만을 쌓아가다가 아동 학대라는 섬뜩한 결과를 낳기도 한다. 새벽 시간에 잘못 걸려온 전화, 편안한 휴식을 방해하는 애완견, 비만으로 끼어버린 지퍼나 꽉 조이는 옷, 길을 가다가 낯선 사람과 부딪히는 일 등 우리는 참으로 '대단한 것'들에 스트레스를 받으며 산다. 그렇지 않은가?

물론 이와는 다른 차원의 스트레스도 있다. 승진자 명단에서 탈락되었거나 중요한 사업상 거래가 틀어졌을 때, 그 밖에 간절히 원했던 일들이 뜻대로 되지 않았을 때 우리는 고민과 불안에 빠질 수 있다. 그러나 그렇다고 그것에 대해 불평하거나 염려에 빠져도 된다는 뜻은 아니다. 우리는 확실히 솟아날 구멍을 찾고 평정심을 얻으며 그 상황을 다시 바라볼 수 있다. 염려에 빠지지 않고 분별력 있는 행동으로 이어질 때, 우리의 고민은 해결로 바뀔 수 있다. 불안한 상황에 불평이 수반된다면 우리는 염려와 불행의 길을 따라갈 게 뻔하다.

하나님을 원망하는 것은 죄이다. 우리는 바울의 말을 명심해야 한다.

> "이 사람아 네가 누구이기에 감히 하나님께 반문하느냐 지음을 받은 물건이 지은 자에게 어찌 나를 이같이 만들었느냐 말하겠느냐"롬 9:20.

하나님을 원망하는 것은 어불성설이며 전혀 타당하지 않은 일이다. 그러나 천하에 몹쓸 신성모독자들만 그런 죄를 짓는다고 생각하는 어리석음에 빠지지 말라. 환경에 대해 불평할 때 우리는 실제로 하나님을 원망하고 있는 것이다. 결국 그분은 우리가 현재 처한 곳에 우리를 있게 하신 분이다. 감사와 만족이 없다는 것은 궁극적으로 하나님을 비난하는 것이다.

불평분자들은 교회에 파괴적인 영향을 미친다. 그중 일부는 배교자들인데 유다는 그들을 가리켜 "원망하는 자며 불만을 토하는 자며 그 정욕대로 행하는 자"유 16절라고 설명했다. 그들의 죄질은 매우 나쁜데 그 전염성이 높기 때문이다. 그와 관련된 예를 구약 성경에서 무수히 찾아볼 수 있다. 그런 예들을 면밀히 살펴봄으로써 불평분자들과 불만, 염려, 그리고 비탄의 늪에 가라앉지 않도록 우리 자신과 교회를 지키자.

구약 성경에 나오는 불만의 예들

애굽에서 수세기 동안 노예로 있던 이스라엘 백성들은 하나님의 기적적인 구원을 경험한 후에 약속의 땅을 향해 가기 위해 광야 가운데 있다. 하나님은 그들에게 그 약속의 땅을 차지하라고 말씀하신다. 여호수아와 갈렙, 그리고 다른 이들이 그 땅을 정탐하러 가서 다음과 같은 보고를 한다.

"갈렙이 모세 앞에서 백성을 조용하게 하고 이르되 우리가 곧 올라가서 그 땅을 취하자 능히 이기리라 하나 그와 함께 올라갔던 사람들은 이르되 우리는 능히 올라가서 그 백성을 치지 못하리라 그들은 우리보다 강하니라 하고 이스라엘 자손 앞에서 그 정탐한 땅을 악평하여 이르되 우리가 두루 다니며 정탐한 땅은 그 거주민을 삼키는 땅이요 거기서 본 모든 백성은 신장이 장대한 자들이며 거기서 네피림 후손인 아낙 자손의 거인들을 보았나니 우리는 스스로 보기에도 메뚜기 같으니 그들이 보기에도 그와 같았을 것이니라 온 회중이 소리를 높여 부르짖으며 백성이 밤새도록 통곡하였더라 이스라엘 자손이 다 모세와 아론을 원망하며 온 회중이 그들에게 이르되 우리가 애굽 땅에서 죽었거나 이 광야에서 죽었으면 좋았을 것을 어찌하여 여호와가 우리를 그 땅으로 인도하여 칼에 쓰러지게 하려 하는가 우리 처자가 사로잡히리니 애굽으로 돌아가는 것이 낫지 아니하랴 이에 서로 말하되 우리가 한 지휘관을 세우고 애굽으로 돌아가자 하매 모세와 아론이 이스라엘 자손의 온 회중 앞에서 엎드린지라 그 땅을 정탐한 자 중 눈의 아들 여호수아와 여분네의 아들 갈렙이 자기들의 옷을 찢고 이스라엘 자손의 온 회중에게 말하여 이르되 우리가 두루 다니며 정탐한 땅은 심히 아름다운 땅이라 여호와께서 우리를 기뻐하시면 우리를 그 땅으로 인도하여 들이시고 그 땅을 우리에게 주시리라 이는 과연 젖과 꿀이 흐르는 땅이니라 다만 여호와를 거역하지는 말라 또 그 땅 백성을 두려워하지 말라 그들은 우리의 먹이라 그들의 보호자는 그들에게

서 떠났고 여호와는 우리와 함께하시느니라 그들을 두려워하지 말
라 하나 온 회중이 그들을 돌로 치려 하는데 그때에 여호와의 영광
이 회막에서 이스라엘 모든 자손에게 나타나시니라"민 13:30-14:10.

열 명의 정탐꾼들, 곧 앞날을 어둡게 예견했던 선지자들은
하나님께서 그들에게 하라고 명하신 것에 대해 불평함으로써
민족 전체에 불만의 씨를 퍼뜨렸다. 성경은 그들에게 무슨 일
이 일어났다고 말하는가?

"모세의 보냄을 받고 땅을 정탐하고 돌아와서 그 땅을 악평하
여 온 회중이 모세를 원망하게 한 사람 곧 그 땅에 대하여 악평한
자들은 여호와 앞에서 재앙으로 죽었고"민 14:36-37.

하나님께서 불평하는 자들을 어떻게 생각하시는지 알겠는
가? 그들은 다른 사람들에게 급속히 퍼지는 유해한 독을 퍼뜨렸
다. 그들에게는 한 집단을 공황 상태로 몰고 갈 능력이 있었다.

그런 일은 이스라엘 역사에서 수차례나 일어났다. 가엾은
모세는 정기적으로 그의 리더십과 하나님께서 그 백성들에게
공급하시는 음식에 대한 사람들의 불평들로 고통을 당해야 했
다. 시편에 따르면 이스라엘의 불평은 "광야에서 욕심을 크게
내며 사막에서 하나님을 시험하였도다 … 그들이 그 기쁨의

땅을 멸시하며 그 말씀을 믿지 아니하고 그들의 장막에서 원망하며 여호와의 음성을 듣지 아니하였도다 이러므로 그가 그의 손을 들어 그들에게 맹세하기를 그들이 광야에 엎드러지게 하고 또 그들의 후손을 뭇백성 중에 엎드러뜨리며 여러 나라로 흩어지게 하리라 하셨도다"106:14,24-27라고 했다. 하나님의 심판은 이스라엘의 역사 내내 그들을 끝없이 따라다녔다.

신약 성경은 교회가 이스라엘의 실수로부터 받아 누렸던 놀라운 축복들을 묘사한 후에 이렇게 말했다.

"그러나 그들의 다수를 하나님이 기뻐하지 아니하셨으므로 그들이 광야에서 멸망을 받았느니라 이러한 일은 우리의 본보기가 되어 우리로 하여금 그들이 악을 즐겨한 것같이 즐겨하는 자가 되지 않게 하려 함이니 … 그들 가운데 어떤 사람들이 원망하다가 멸망시키는 자에게 멸망하였나니 너희는 그들과 같이 원망하지 말라"고전 10:5-6,10.

불평은 영적인 문제가 깊이 자리잡고 있다는 징후이다. 그래서 하나님을 신뢰하지 못하고 그분의 뜻을 따르지 못하는 것이다. 그것은 사소한 문제가 아니다. 요한은 "하나님의 아들을 믿는 자는 자기 안에 증거가 있고 하나님을 믿지 아니하는 자는 하나님을 거짓말하는 자로 만드나니 이는 하나님께서 그

아들에 대하여 증언하신 증거를 믿지 아니하였음이라"요일 5:10고
했다. 여기에 덧붙이면 좋을 구절이 있다.

"살아 있는 사람은 자기 죄들 때문에 벌을 받나니 어찌 원망하랴"애 3:39.

하나님은 우리의 죄를 용서하셨는데, 그분께 반응하는 유일하게 적절한 방법은 감사하는 것이다. 감사의 영은 염려를 쫓아내고 우리로 하여금 불평하기 어렵게 만든다.

'만족하라'는 명령이다

이제 빌립보서 2장 14절에 나오는 바울의 명령을 이해하기 위한 배경을 살펴보자.

"모든 일을 원망과 시비가 없이 하라."

여기서 '모든 일'이란 바울이 앞서 말했던 것을 가리킨다.

"두렵고 떨림으로 너희 구원을 이루라 너희 안에서 행하시는 이는 하나님이시니"12-13절.

다시 말해, 하나님께서 당신의 삶에서 행하시는 동안 절대 불평하지 말라는 것이다. 이 점을 명심하라.

인생은 항상 우리가 원하는 대로 굴러가지는 않을 것이다. 우리가 기도하고 믿음을 가지고 현재 가진 것에 감사할 수 있도록 하기 위해 하나님께서 우리의 삶에 시련들을 허락하실 것이다. 그 모든 것을 통해 성령은 우리에게 만족하라고 명령하신다.

"사람에게서 강탈하지 말며 거짓으로 고발하지 말고 받는 급료를 족한 줄로 알라"눅 3:14.

"그러나 자족하는 마음이 있으면 경건은 큰 이익이 되느니라 … 우리가 먹을 것과 입을 것이 있은즉 족한 줄로 알 것이니라"딤전 6:6,8.

"돈을 사랑하지 말고 있는 바를 족한 줄로 알라 그가 친히 말씀하시기를 내가 결코 너희를 버리지 아니하고 너희를 떠나지 아니하리라 하셨느니라"히 13:5.

만족하는 데 걸림돌이 되는 것 두 가지가 있다. 바로 원망하는 것과 분쟁하는 것이다. 빌립보서 2장 14절에서 '원망하는 것'이라고 번역된 헬라어 gongusmos는 성을 내며 투덜거린다는 뜻의 의성어이다. 그 의미에 걸맞게 심술궂게 들리는 발음이다. 낮은 목소리로 중얼거리며 불만과 불평을 드러내는 것이다. 그것은 이스라엘이 원망하는 모습을 묘사한 구약 성경의 헬라어 번역에서 쓰인 단어로, 하나님의 뜻을 감정적으로 거절하는 부정적인 태도를 표현한 일종의 불평이다.

'시비를 가리는 것'이라고 번역된 헬라어 dialogismos는 의문과 비평을 가리킨다. 감정적인 불평이-욥의 경우처럼-하나님께 따지는 것으로 변하는 것이다. 왜 그런 식으로 일이 일어나는지 혹은 우리가 왜 그 일을 해야 하는지 하나님과 논쟁을 벌이기 시작한다. 우리는 일과 결혼, 교회, 가정 혹은 그 밖에 우리가 처한 상황에서 하나님보다 우리가 더 나은 생각을 가지고 있다고 주장한다.

바울은 불평 없는 크리스천의 삶을 살아가기 위한 더 나은 방법이 있다고 말했다. 그것은 원래 그대로의 삶과 좀 더 조화를 이루는 태도를 갖는 것이다. 우리는 타락한 세상에서 살고 있다. 세상은 항상 우리가 좋아하는 방식으로만 흘러가지 않을 것이고, 주변 사람들 역시 언제나 우리가 그들에게 원하는 모습만 하고 있지는 않을 것이다. 그들에 대해 불평할 때 우리는 하나님과 그분의 심판으로 인한 우리 자신의 처지를 거스르는 것이다. 야고보는 "형제들아 서로 원망하지 말라 그리하여야 심판을 면하리라 보라 심판주가 문 밖에 서 계시니라"약 5:9고 경고했다. 자기 방에서 누나에게 불평을 털어놓는 한 꼬마의 모습을 그려보라.

"쳇, 아빠가 우리를 대하는 방식이 나는 정말 싫어."

그러나 꼬마는 문 바로 밖에 아빠가 서 계신다는 사실을 모르고 있다. 마찬가지로 하나님은 언제나 우리의 불평이 들릴 만한 거리 안에 계신다.

명령 뒤에 있는 이유들

하나님께서 항상 우리가 이해하기를 기다리고 계신다고 결론내리는 것은 잘못된 일일 수 있다. 하나님은 말씀을 통해 우리가 불평하는 것을 싫어한다고 말씀하셨을 뿐만 아니라 그 이유도 매우 명확하게 밝히셨다. 그 이유들은 하나님의 마음에 소중한 만큼 우리의 마음에도 소중하고 유익한데, 하나님은 우리 스스로 그 사실을 깨닫기 원하신다.

나 자신을 위해 불평을 멈추라

바울은 불평하지 말라고, 그래야 "너희가 흠이 없고 순전하여 어그러지고 거스르는 세대 가운데서 하나님의 흠 없는 자녀로 세상에서 그들 가운데 빛들로 나타낼"빌 2:15 수 있다고 말했다. 불평을 멈출 때 우리는 자유롭게 하나님께서 우리에게 원하시는 모든 것이 될 수 있다. "그러므로 사랑을 받는 자녀같이 너희는 하나님을 본받는 자가 되고"엡 5:1 라고 바울은 말했다. 하나님의 자녀라면 그분의 성품을 드러냄으로써 그분의 자녀답게 살아가라. 거룩한 삶은 우리가 "범사에 우리 구주 하나님의 교훈을 빛나게"딛 2:10 할 수 있는 방법이다.

빌립보서 2장 14-15절에 나오는 헬라어 구문을 문자적으로 번역하면 다음과 같다.

"너희가 흠 없고 순결한 하나님의 자녀가 되기 위해서는 불평하는 것을 멈추라."

여기에 하나의 과정이 있다. 구원은 과거와 현재, 그리고 미래적인 면을 갖추고 있다. 위의 구절은 현재적인 면을 언급하고 있다. 하나님께서 우리 안에 그분의 역사를 이루실 때 우리가 맡은 일은 불평하지 않는 것이다.

'흠 없는', '순전한', '책망할 게 없는'이라고 번역된 단어들은 모두 도덕적인 깨끗함에 대해 말한다. 흠 없는 사람은 비판당할 만한 정당한 이유가 없는 사람이다. '순전한' 사람은 "선한 데 지혜롭고 악한 데 미련한"롬 16:19 사람이다. 그리고 자신이 어떤 모습으로 드러나는지에 매우 신중한 사람이다. '책망할 게 없는' 사람은 말 그대로 오점이 없고 하나님께서 받으실 만한 희생 제사와 관련된다. 이러한 구절들은 우리가 하나님의 자녀라면 이러이러해야 한다고 기대되는 방식대로 행동하는 것이라고 말한다.

스스로에게 몇 가지 질문을 해보라.

"나는 누구에게 속해 있는가?"

"나는 누구의 이름을 지니고 있는가?"

크리스천으로서 우리는 일관되게 현재의 모습대로 앞으로도 살아가야 한다. 나는 어렸을 때 면목 없는 상황에서, 목사님이신 나의 아버지가 시무하는 교회에 계시는 한 집사님으로부터 이런 얘기를 들었다.

"네 아버지가 누구신지 모르는 거니? 어떻게 그렇게 행동할 수 있니?"

그 말은 내 마음속에 영적인 진리로 박혔다. 그 말로 인해 나는 "네 하늘 아버지가 누구신지 모르는 거니? 어떻게 그렇게 행동할 수 있니?"라는 소리를 들을 만한 처신을 하지 않겠다고 마음을 다잡는다. 다음에 염려나 불평하고 싶은 유혹을 받을 때면 이 말을 명심하라. 고개를 높이 들고 하나님께서 당신을 위해 더 좋은 것을 준비해두셨음을 인식하라.

불신자들을 위해 불평을 멈추라

바울은 우리를 향해 "너희가 흠이 없고 순전하여 어그러지고 거스르는 세대 가운데서 하나님의 흠 없는 자녀로 세상에서 그들 가운데 빛들로 나타내며 생명의 말씀을 밝혀 나의 달음질이 헛되지 아니하고 수고도 헛되지 아니함으로 그리스도의 날에 내가 자랑할 것이 있게 하려 함이라"빌 2:15-16고 말한다.

여기서 하나님의 속성과 우리가 살아가는 방식을 곰곰이 생각해야 한다. 이때 우리의 현재 모습이 하나님의 자녀 된 자의 모습과 모순되지 않은지 바로 알 수 있다. 뿐만 아니라 주변 세상에 어떤 영향을 미치는지도 드러난다.

전도하라는 명령이 담겨 있는 이 구절은 바울이 한 호소의 핵심을 이룬다. 전도를 간단히 정의내리자면, 어두운 세상에서 하나님의 자녀들로서 빛을 발하는 것이다. 그 일을 효과적으로 수행하려면 두 가지, 즉 만족과 성품이 뒷받침되어야 한다. 그것은 우리의 '말하는 바'가 아니라 현재 '됨됨이'를 가리킨다.

"어그러지고 거스르는 세대 가운데서"라는 구절은 신명기 32장 5절에 나오는 모세의 노래에서 빌려온 것이다. 모세는 광야에서 사멸한 불평분자들의 세대를 설명하기 위해 그런 표현을 썼다. 여기서는 현재 교회가 존재하는 세상의 사회에 적용되고 있다. 옛 이스라엘처럼 이 사회는 하나님의 메시지를 거절한다. 그러므로 이 사회는 비극적인 세상이요 도덕적으로 비뚤어지고 영적으로 타락한 곳이다.

'어그러지다'라고 번역된 헬라어skolios는 등뼈가 비정상적으로 굽은 것을 말한다. 그 단어는 정상적인 배열에서 벗어나고 표준을 비껴가는 어떤 것을 설명한다는 점에서 적절한 의미이다. 잠언 2장 15절에 따르면 잃어버린 자들의 "길은 구부러지고 그 행위는 패역"하다고 했다. 이사야 선지자는 그것을 "우리는 다 양 같아서 그릇 행하여 각기 제 길로 갔거늘"53:6이라고 표현했다. 인간은 영적인 질병, 즉 우리를 하나님께서 계시하신 의의 똑바른 줄로부터 비껴가게 하는 마음의 측만증側彎症을 가지고 있다.

'거스르다'라고 번역된 단어는 우리의 실제 모습이 표준에서 얼마나 먼지 더욱 상세하게 설명해주고 있다. 그것은 심하게 꼬이고 뒤틀려온 어떤 것에 대해 말하고 있다. 우리 사회가 동성애나 낙태와 같은 악들을 옳은 것으로 나타낼 뿐 아니라 보호해야 할 기본적인 권리로 내세우는 모습을 보면서 표준에서 얼마나 비틀어졌는지 알 수 있다. 성도로서 우리는 그러한 세상에 빛을 밝혀야 한다.

거룩하고 순종적인 크리스천이라면 당신은 대부분의 사람들에게 깜짝 놀랄 만한 영향력을 가지고 있을 것이다. 사람들은 빛을 느낄 것이고 그중 일부는 부끄러워 빛으로부터 물러날지도 모른다. 왜냐하면 당신은 그들이 소유하지 못한 어떤 것을 가지고 있음이 분명하기 때문이다. 사람들은 자신의 현재 모습보다 나은 존재가 되고자 하는 갈망이 있기 때문에 그 빛에 이끌릴 것이다. 그들의 운명은 우리가 살아가는 방식과 긴밀하게 얽혀 있다. 존 돈 John Donne은 다음과 같은 매우 인상적인 글을 남겼다.

"누구든 그 자체로서 온전한 섬이 아니다"묵상 17번.

그것은 특별히 크리스천에게 적용되는 진리이다. 나중에 그는 여기에 약간의 문장을 덧붙인다.

"나는 인류 속에 포함되어 있는 존재이다."

크리스천의 경우 그것은 결의 이상의 의미를 가진다. 그것은 사실의 진술이다.

당신이 살아가는 질 높은 삶은 개인의 간증을 풀어놓는 강단이 된다. 웅얼거리고 불만과 원망하는 마음으로 투덜거리며 불평을 늘어놓는 크리스천은 결코 다른 사람들에게 긍정적인 영향력을 가질 수 없다. 입으로는 용서와 기쁨, 평강, 위안의 복음에 대해 말하면서 많은 시간을 한탄하고 불평하는 데 보낸다는 게 앞뒤가 맞지 않는 일이다. 사람들에게 그보다는 더 많은 신뢰를 주라. 그들은 당신이 말한 대로 이루어지는 것을 보지 않는 한, 복음을 믿으려 하지 않을 것이다.

"구속받은 당신의 삶을 내게 보여주시오. 그러면 나도 당신의 구속자를 한번 믿어보겠소."

이는 어떤 불신자라도 할 수 있는 타당한 요구이다.

우리는 세상에 빛으로 나타나는 동시에 "생명의 말씀을 굳게 붙들어야"빌 2:16 한다. 그것은 생명을 주시는 하나님의 말씀이다. 자신들의 죄 안에서 영적으로 죽어 있는엡 2:1 세상 사람들에게 이보다 더 필요한 것이 또 있겠는가!

바울은 원망을 멈추라고 말했다. 하나님께 시비를 가려달라는 요구도 멈추라. 기쁜 마음으로 그분께 순종하라. 세상에서 빛이 되어 빛날 때 당신은 곧 그들에게 환영받게 될 것이다. 변화된 삶이야말로 복음을 위한 최고의 광고이기 때문이다. 부정적이고 투덜거리며 불평하는 영혼은 복음을 전하는데 최악의 걸림돌이다.

무언가에 대해 불평함 없이 오늘을 살고자 최선을 다해보라. 당신이 불평하는 매 순간들을 유념해서 보라. 그것이 하나의 생활방식이 되었다는 것을 발견하고는 놀라게 될지 모른다. 불평하는 영은 전염성이 매우 높지만 정작 그 영을 가지고 있는 사람은 자신이 그렇다는 사실조차 알지 못한다. 너무나도 빨리 습관화가 되어 그것에 감염된 대부분의 사람들은 자신이 어떤 특징을 보이는지도 인식하지 못한다.

당신이 쏟아놓는 불평들을 점검해보라. 그러면 염려를 원천적으로 공격할 수 있다. 그리고 하나님께서 당신의 삶에 어떤 일을 하고 계시는지 그분이 알고 계심을 확신하게 될 것이다. 불평한다는 것은 그 반대의 경우를 확신하는 것이다. 불평할수록 당신은 불평하는 그 내용을 더욱 믿게 될 것이다. 마음의 평강을 위해 지금 당장 불평을 멈추라.

염려를 버리고
자족하는 삶으로
이끄는
시편 말씀

　내가 고통 중에 여호와께 부르짖었더니 여호와께서 응답하시고 나를 넓은 곳에 세우셨도다 여호와는 내 편이시라 내가 두려워하지 아니하리니 사람이 내게 어찌할까 … 여호와께 피하는 것이 사람을 신뢰하는 것보다 나으며 … 너는 나를 밀쳐 넘어뜨리려 하였으나 여호와께서는 나를 도우셨도다 여호와는 나의 능력과 찬송이시요 또 나의 구원이 되셨도다 … 내가 죽지 않고 살아서 여호와께서 하시는 일을 선포하리로다 여호와께서 나를 심히 경책하셨어도 죽음에는 넘기지 아니하셨도다 118:5-6,8,13-14,17-18

· · ·

　내 영혼이 진토에 붙었사오니 주의 말씀대로 나를 살아나게 하소서 … 나의 영혼이 눌림으로 말미암아 녹사오니 주의 말씀대로 나를 세우소서 … 이 말씀은 나의 고난 중의 위로라 주의 말씀이 나를 살리셨기 때문이니이다 … 고난 당하기 전에는 내가 그릇 행하였더니 이

제는 주의 말씀을 지키나이다 주는 선하사 선을 행하시오니 주의 율
례들로 나를 가르치소서 … 고난 당한 것이 내게 유익이라 이로 말미
암아 내가 주의 율례들을 배우게 되었나이다 … 나의 영혼이 주의 구
원을 사모하기에 피곤하오나 나는 주의 말씀을 바라나이다 나의 말
이 주께서 언제나 나를 안위하실까 하면서 내 눈이 주의 말씀을 바라
기에 피곤하니이다 … 주의 법이 나의 즐거움이 되지 아니하였더면
내가 내 고난 중에 멸망하였으리이다 … 나의 고난이 매우 심하오니
여호와여 주의 말씀대로 나를 살아나게 하소서 … 환난과 우환이 내
게 미쳤으나 주의 계명은 나의 즐거움이니이다 … 주의 법을 사랑하
는 자에게는 큰 평안이 있으니 그들에게 장애물이 없으리이다
119:25,28,50,67-68,71,81-82,92,107,143,165

· · ·

내가 환난 중에 여호와께 부르짖었더니 내게 응답하셨도다 120:1

· · ·

내가 산을 향하여 눈을 들리라 나의 도움이 어디서 올까 나의 도움
은 천지를 지으신 여호와에게서로다 여호와께서 너를 실족하지 아니
하게 하시며 너를 지키시는 이가 졸지 아니하시리로다 … 여호와는
너를 지키시는 이시라 여호와께서 네 오른쪽에서 네 그늘이 되시나
니 … 여호와께서 너를 지켜 모든 환난을 면하게 하시며 또 네 영혼

을 지키시리로다 여호와께서 너의 출입을 지금부터 영원까지 지키시리로다 121:1-3,5,7-8

· · ·

상전의 손을 바라보는 종들의 눈같이, 여주인의 손을 바라보는 여종의 눈같이 우리의 눈이 여호와 우리 하나님을 바라보며 우리에게 은혜 베풀어 주시기를 기다리나이다 123:2

· · ·

울며 씨를 뿌리러 나가는 자는 반드시 기쁨으로 그 곡식 단을 가지고 돌아오리로다 126:6

· · ·

여호와여 내가 깊은 곳에서 주께 부르짖었나이다 주여 내 소리를 들으시며 나의 부르짖는 소리에 귀를 기울이소서 여호와여 주께서 죄악을 지켜보실진대 주여 누가 서리이까 그러나 사유하심이 주께 있음은 주를 경외하게 하심이니이다 나 곧 내 영혼은 여호와를 기다리며 나는 주의 말씀을 바라는도다 130:1-5

· · ·

여호와여 내 마음이 교만하지 아니하고 내 눈이 오만하지 아니하오며 내가 큰일과 감당하지 못할 놀라운 일을 하려고 힘쓰지 아니하나이다 실로 내가 내 영혼으로 고요하고 평온하게 하기를 젖뗀 아이가 그의 어머니 품에 있음 같게 하였나니 내 영혼이 젖뗀 아이와 같도다 이스라엘아 지금부터 영원까지 여호와를 바랄지어다 131:1-3

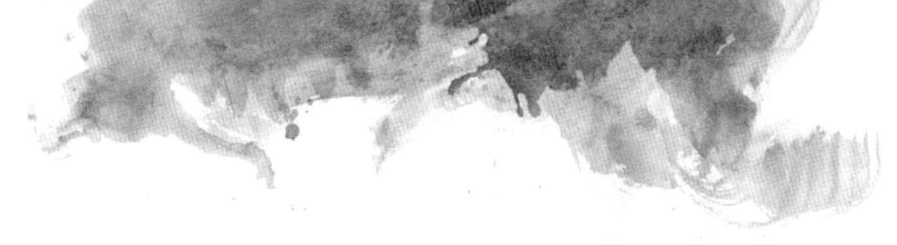

자족하는 삶을 누리는 아홉 번째 단계

자족하는 삶, 당신도 누릴 수 있다

하얀 색이 검은 색에서 먼 것같이 만족은 불평과 염려에서 멀다. 이 책에서 우리는 염려를 공격하는 무기를 내내 개발해 왔고, 이제 최고의 필수 무기에 초점을 두면서 이야기를 마무리하고자 한다. '염려'라는 용에 맞서는 크리스천의 엑스캘리버 아더 왕의 마법 칼는 다름 아닌 '자족'이다. 그것은 개개인의 승리를 향해 전진하는 그리스도 군대의 깃발과도 같다.

성경은 만족을 하나의 미덕으로 권하는 게 아니라 명령하고 있다. 빌립보 교회에 보내는 서신에서 바울이 마무리하는 말을 보면 이 점이 가장 명확하게 드러나 있다. 그는 사람들에게 절대로 염려에 굴복당하지 말라고 말한 후 빌 4:6 자신의 삶을 예로 들어보이며 어떻게 그럴 수 있었는지를 보여준다.

"내가 주 안에서 크게 기뻐함은 너희가 나를 생각하던 것이 이제 다시 싹이 남이니 너희가 또한 이를 위하여 생각은 하였으나 기회가 없었느니라 내가 궁핍하므로 말하는 것이 아니라 어떠한 형편에든지 나는 자족하기를 배웠노니 나는 비천에 처할 줄도 알고 풍부에 처할 줄도 알아 모든 일 곧 배부름과 배고픔과 풍부와 궁핍에도 처할 줄 아는 일체의 비결을 배웠노라 내게 능력 주시는 자 안에서 내가 모든 것을 할 수 있느니라 그러나 너희가 내 괴로움에 함께 참여하였으니 잘하였도다 빌립보 사람들아 너희도 알거니와 복음의 시초에 내가 마게도냐를 떠날 때에 주고받는 내 일에 참여한 교회가 너희 외에 아무도 없었느니라 데살로니가에 있을 때에도 너희가 한 번뿐 아니라 두 번이나 나의 쓸 것을 보내었도다 내가 선물을 구함이 아니요 오직 너희에게 유익하도록 풍성한 열매를 구함이라 내게는 모든 것이 있고 또 풍부한지라 에바브로디도 편에 너희가 준 것을 받으므로 내가 풍족하니 이는 받으실 만한 향기로운 제물이요 하나님을 기쁘시게 한 것이라 나의 하나님이 그리스도 예수 안에서 영광 가운데 그 풍성한 대로 너희 모든 쓸 것을 채우시리라"10-19절.

감사하는 내용을 담고 있는 이 문맥에서 바울은 무엇에 만족해야 하는지 알고 있었음이 확실하다. 이 편지를 쓰고 있었을 당시 바울은 로마 감옥에 갇힌 신세였다. 그는 하루 24시간 동안 사슬에 묶인 채 로마 병사의 감시를 받고 있었다. 그는 이생의 유익에 대해 생각할 게 거의 없었지만 그럼에도 불구하고 만족했다. "하나님의 평강"7절과 "평강의 하나님"9절은 바울의 삶에서 분명한 현실이었다. 마찬가지로 그 현실은 우리가 만족하는 법을 배울 때 우리의 것이 될 수 있다.

무관심이 아닌 독립심

'만족'이라고 번역된 헬라어 autarkes는 '자부심 있는 것', '만족하는 것', '넉넉하게 가지고 있는 것'을 의미한다. 그것은 어느 정도의 독립심과 도움이 필요하지 않은 상태를 가리킨다. 때때로 그것은 다른 누구의 도움 없이 스스로를 지탱해가는 사람을 가리킬 때 쓰이기도 한다. 바울은 "나는 다만 나 자신이 아닌 그리스도가 사시는 나 자신에게 만족하는 법을 배웠다"라고 말하고 있다. 그는 다른 곳에서도 그러한 미묘한 차이를 표현했다.

"내가 그리스도와 함께 십자가에 못 박혔나니 그런즉 이제는 내가 산 것이 아니요 오직 내 안에 그리스도께서 사신 것이라 이제 내가 육체 가운데 사는 것은 나를 사랑하사 나를 위하여 자기 몸을 버리신 하나님의 아들을 믿는 믿음 안에서 사는 것이라"갈 2:20.

그리스도와 만족은 함께 다닌다. 바울의 시대에 스토아 철학자들은 만족에 대해 다른 견해를 가지고 있었다. 스토이즘은 B.C. 200년경 로마에서 소개된 헬라 철학이다. 네로 황제의 스승인 에픽테토스와 세네카와 같은 저명한 추종자들이 그것에 매료되었는데, 후에 바울의 처형을 명령한 인물이 바로 네로이다. 스토아 철학은 모든 실체를 물질로 보았고, 한 사람의 의무를 수행하고 참된 자유를 얻기 위해 열정과 무절제함을 뒤로 미룰 것을 강조했다 방종한 네로는 저급한 스토아 철학을 만들었다. 그들은 오직 완전한 무관심에 이르러서야 성취되는 만족을 믿었다. 에픽테토스는 이렇듯 고양된 상태에 이르는 법을 다음과 같이 설명한다.

컵이나 집안 용품으로 시작해보세. 그것이 깨졌을 경우 "상관없어"라고 말하는 걸세. 말이나 애완견으로 가보세. 그것들에 무슨 일이 일어날 경우 "상관없어"라고 말하는 걸세. 자네 자신에게로 가보세. 어떤 식으로든 자네가 다치거나 상처를 입었을 경우 "상관없어"라고 말하는 걸세. 그리고 이런 연습을 충분히 오랫동안 하고, 충분히 열심히 한다면 자네는 가장 가깝고 친한 사람이 고통당하거나 죽는 것을 보게 되더라도 "상관없어"라고 말하게 되는 경지에 이르게 될 걸세.

스토아 철학은 인간의 감정과 느낌을 무시하려고 애썼다. 솔직히 말해 그것은 이 지구라는 행성에서 생겨난 것이 아니라 벌칸족 TV 시리즈 '스타트렉'에 나오는 족속. 감정은 없고 논리만으로 사물을 판단한다의 철학에서 나온 것과 비슷해 보인다. T. R. 글로버는 "스토아 철학은 마음을 사막으로 만들었고 그것을 평화라고 부른다"라고 말했다.

그것은 바울이 언급했던 종류의 만족이 아니다. 바울이 의미하는 만족은 분명히 무관심은 아니다. 왜냐하면 바울은 인정이 매우 많은 사람이었기 때문이다. 신약을 통틀어 그가 교회들에 보낸 사랑의 편지들이 그 점을 증명한다. 바울은 "상관없어"라는 태도를 '절대로' 가질 수 없었다. 성령의 영감으로 그는 '만족'이라는 단어가 처음 그 의미를 가졌던 헬라 문화에서 인식된 것 이상으로 그 개념에 대해 알고 있었다.

만족에 이르는 비밀

바울이 "내가 자족하기를 배웠노니 … 일체의 비결을 배웠노라" 빌 4:11-12고 말한 것에 유념하라. 여기서 그는 헬라의 신비한 종교들을 암시하는, 그런 의미를 내포한 또 다른 헬라어 용어를 사용했다. 그러한 이교도 숭배에 발을 들여놓으면 특정한 종교의 비밀들에 은밀히 관여하게 마련이다. 바울은 만족의 비결에 은밀히 관여하게 되었고, 그것을 예수 그리스도의 신앙에 입문한 모든 이들에게 전했다.

하나님의 섭리를 확신하라

바울은 "내가 주 안에서 크게 기뻐함은 너희가 나를 생각하던 것이 이제 다시 싹이 남이니 너희가 또한 이를 위하여 생각은 하였으나 기회가 없었느니라"10절고 했다. 바울이 빌립보를 떠나온 지도 10년이 흘렀다. 사도행전 16장은 그가 처음 빌립보를 방문했을 때를 배경으로 한다.

바울과 그의 전도 여행 동료들은 루디아라는 사업가 여성을 만나 그녀와 그녀의 동료들에게 복음을 전했다. 그들의 대화는 교회를 만들어냈다. 그 교회의 초기 시절에 바울은 한 노예 소녀에게 든 점치는 영을 쫓아냈다. 그러자 소녀의 예언하는 능력을 이용해 돈벌이를 하다가 수입원을 잃어 격분한 소녀의 주인은 바울을 매질하고 감옥에 가두고 족쇄를 채웠다. 그러나 바울은 자신이 처한 비참한 상황에 대해 불평하는 대신에 밤새도록 감사 기도와 찬송으로 하나님을 찬양했다.

하나님은 놀라운 방식으로 그에 응답하셨다. 옥터를 격렬하게 뒤흔들어 감옥 문을 모두 활짝 여시고 수감자의 발과 허리를 감고 있던 사슬을 벗기셨다. 참담한 환경에서 바울이 보인 놀라운 반응과 더불어 이 신비한 경험은 간수와 간수의 온 집안이 구원받는 일로 이어졌다. 빌립보의 교회가 성장한 것으로 보아 그들이 더 많은 선교 사역을 위해 바울에게 재정을 지원했음이 분명하다.

그런데 빌립보서에 나오는 본문을 보면 그들이 그 일을 한동안 중단했음이 확실하다. 그러나 바울은 그것에 개의치 않았다. 그는 그들의 관심이 부족한 게 아니라 '기회'헬라어 kairos가 부족했다고 생각했다. 그것은 물리적인 시간에 관한 언급이 아니라 기회의 창구나 시기에 대한 언급이다.

"너희가 나를 생각하던 것이 이제 다시 싹이 남이니"라는 말에서 바울은 "다시 꽃이 피다"라는 의미를 지닌 원예 용어를 사용하고 있다. 그것은 "너희의 사랑이 다시 꽃을 피웠구나. 나는 그것이 항상 거기에 있었으나 다만 피어날 기회를 가지지 못했다고 생각한다. 때가 되어야 꽃이 피는 법인데 지금까지는 그때가 아니었던 것이다"라고 말하는 것과 같다.

바울은 하나님의 주권적인 섭리를 참을성 있게 확신했다. 그는 아무것도 없이 지내며 주님의 때를 기다리는 것에 만족했다. 허둥지둥하거나 다른 사람들을 교묘히 조종하지 않았다. 그러한 일들은 전혀 필요하지 않았다. 바울은 때가 되면 하나님께서 상황들을 정리하시고 그의 필요들을 채우실 것이라고 확신했다. 오늘날 우리도 그와 동일한 확신을 가질 수 있다.

하나님께서 주권적이시라는 사실과 그분의 거룩한 목적과 그분을 사랑하는 사람들의 궁극적인 유익을 위해 모든 것들을 정리하고 계시다는 사실을 온전히 배우기 전까지, 우리는 불만을 떨쳐버리지 못할 수밖에 없다. 우리의 삶을 정리하는 책임을 지는 데 있어 우리가 모든 것을 주관할 수 없음을 거듭 발견하고는 절망할 것이기 때문이다. 그러나 모든 일을 이미 당신이나 나보다 훨씬 더 위대한 분이 주관하고 계신다.

'하나님의 섭리'와 같은 말로 '하나님의 예비하심'이라는 말이 있지만, 그것은 복잡한 신학적 실체에 갖다붙이기에는 빈약한 이름이다. 섭리란 하나님께서 그분의 목적을 이루시기 위해 모든 것들을 조율하시는 방법이다.

하나님께서 이 세상에서 행동하시는 두 가지 방법이 있다. 바로 기적과 섭리이다. 자연적인 설명을 할 수 없는 게 기적이다. 하나님께서 정상적인 삶의 흐름을 끊고 기적을 끼워넣으시는 것이다. 그런 다음 그 흐름을 다시 되돌려 놓으신다. 이스라엘 백성들이 다 건너갈 때까지만 홍해를 가르시고 다시 닫으신 것과 똑같다. 어느 편이 더 쉬울 것 같은가? "잠깐! 내가 기적을 일으켜주겠다"인가, 아니면 "어디 보자. 이 일을 이루기 위해 약 5천억 가지의 일을 조정해주겠다"인가? 후자가 바로 섭리에 해당한다. 예를 들어, 하나님께서 선경지명을 가지고 요셉과 룻과 에스더의 삶을 어떻게 이끄셨는지 생각해보라. 오늘날 그분은 우리를 위해 그와 동일한 일을 행하신다.

만족은 하나님께서 우리의 삶에 초자연적으로 개입하실 뿐만 아니라 자연적인 조율을 통해 주권을 행사하고 계심을 아는 데서 온다. 이 얼마나 경이로운 조율인가! 하나님께서 우리를 살아 있게 하시기 위해 매순간 행하고 계시는 그 모든 일들에 감사하라. 그러한 관점으로 사물을 볼 때 우리가 스스로 삶을 주관할 수 있다고 생각하는 게 얼마나 어리석은 일인지 알게 될 것이다. 그 헛된 추구를 포기하는 것이 곧 염려의 주요 근원지를 내버리는 것이다.

바울은 하나님의 섭리를 확신했기 때문에 만족했다. 그러나 그러한 자신감이 있다고 해서 "내가 하는 일은 중요하지 않아" 하는 숙명론적인 태도에 빠지지는 않았다. 신약 성경 전반에 나타난 바울의 삶은 우리에게 '최선을 다하고 하나님께서 결과를 주관하고 계심에 만족하는' 본을 보여준다.

적은 것에 만족하라

바울의 삶에서 얻을 수 있는 만족의 비결이 여기 또 있다.

"내가 궁핍하므로 말하는 것이 아니라 어떠한 형편에든지 내가 자족하기를 배웠노니 내가 비천에 처할 줄도 알고 풍부에 처할 줄도 알아 모든 일 곧 배부름과 배고픔과 풍부와 궁핍에도 처할 줄 아는 일체의 비결을 배웠노라"빌 4:11-12.

그는 빌립보 교회의 아낌없는 마음씨가 되살아난 것에 감사했지만, 그가 그것을 갈망하지는 않았음을 그들이 알기를 원했다. 그는 욕구와 갈망을 억눌렀고, 그것들을 필요와 혼동하지 않고자 했다.

"내가 궁핍하므로 말하는 것이 아니라"는 말을 달리 표현하면 이렇다.

"실제로 채워지지 않은 필요가 내게 있지는 않다."

인간인 우리에게 필요한 것은 단순하다 음식, 옷, 집, 그리고 만족하는 신앙정도이다. 성경은 얼마 안 되는 생필품에 만족하라고 말한다.

그러한 태도는 우리의 문화가 가지고 있는 태도와 대조를 이룬다. 오늘날 사람들은 적은 것에든, 많은 것에든 만족할 줄 모른다. 더 많이 가질수록 더 불만을 갖기 쉽다는 게 나의 지론이다. 일반적으로 가장 불행해하는 사람들을 보면 큰 부자들이 많다. 그들은 자신들의 필요를 절대 채울 수 없다고 믿는 것 같다. 바울과는 달리 그들은 '욕구'가 곧 '필요'라는 생각을 가지고 있다. 그들은 인간의 필요를 재정의하는 데 있어 물질 위주의 문화를 따라왔다.

음식을 먹거나 물을 마시거나 잠을 자라고 말하는 광고나 선전을 본 적이 있는가? 대중 매체들은 훨씬 더 선택적이고 임의적인 항목들을 선전하지만 우리는 그들의 설득 속에서 그런 점을 전혀 간파하지 못한다. 그들은 "당신에겐 이것이 필요합니다"라고 호소하지, "이것을 가져보시겠어요?" 하지 않는다. 아무 생각 없이 그러한 설득에 노출되다보면 원한 적이 없는 것들을 필요로 하는 자신을 발견하게 될 것이다! 이런 광고들의 목표는 현재에 불만을 만들어내어 물건을 파는 데 있다.

스스로를 지키기 위해서는 생각하거나 말하면서 뭔가에 '필요'라는 말을 붙일 때마다 주의를 기울여라. 얼마간의 생필품의 수준을 넘어 사용하고 있는 게 있다면 무엇이 됐든지 바로잡으라. 바울이 그러했고 당신 역시 그러할 수 있다. 남는 게 있다면 무엇이든 하나님께서 주시는 축복으로 감사하게 여기라. 세상이 '필요'라고 재정의하는 사치품들에 기대기를 거부할 때 당신은 적은 것에도 만족하게 될 것이다.

환경에 초연하라

무엇보다 우리의 만족을 앗아가는 것은 어려운 환경이다. 자신을 환경의 희생자가 되도록 내버려둘 때 우리는 힘없이 무너지고 만족하는 마음과 평강을 잃어버린다. 바울 역시 환경으로 인해 고통을 받았다. 그러나 그는 환경에 상관없이 만족하는 법을 배웠다.

"어떠한 형편에든지 내가 자족하기를 배웠노니" 빌 4:11.

그는 실제로 대단히 비천함에서 대단히 풍부함에 이르기까지 극단적인 경험들을 두루 했기 때문에 '어떠한 형편에서든지'라는 말을 쓰고 있는 것이다.

크리스천으로서 우리는 인생에서 어떤 상황을 맞이하든지 자족하는 법을 배울 수 있다. 그 일을 하기 위해서 다음 생애를 기다릴 필요는 없다. 다만 다음 생애에 한 발 들여놓아야 한다. 바울은 그것을 이렇게 표현했다.

"위의 것을 생각하고 땅의 것을 생각지 말라" 골 3:2.
"우리가 잠시 받는 환난의 경한 것이 지극히 크고 영원한 영광의 중한 것을 우리에게 이루게 함이니 우리가 주목하는 것은 보이는 것이 아니요 보이지 않는 것이니 보이는 것은 잠깐이요 보이지 않는 것은 영원함이니라" 고후 4:17-18.

바울은 혹독한 일들을 무수히 견뎌냈지만 고후 11:23-33 그 일들을 통해 영원한 관점을 가짐으로써 만족하는 법을 배웠다. 당신이 처한 어떤 환경들도 그저 잠시의 것에 지나지 않음을 깨달으라. 염려함으로써 그 일을 확대하고 싶은 어떤 유혹도 당신이 앞으로 받게 될 영원한 보상에 비교하면 가치가 없다. 이 땅의 일들에 대해 지나치게 걱정하지 않음으로써 만족하는 법을 배우라.

하나님의 힘으로 살아가라

바울은 다음과 같은 확신을 가지고 세상 일들에 맞설 수 있었다.

"내게 능력 주시는 자 안에서 내가 모든 것을 할 수 있느니라" 빌 4:13.

그는 이 물질적인 세상에 아무리 어려운 일들이 일어나더라도 크리스천이라면 모두 그들을 뒷받침해주는 영이 있음을 배웠다.

바울이 그리스도 안에서 모든 것을 할 수 있다고 말할 때, 이는 기적적인 예비하심이 아니라 '인내'에 대해 언급하고 있는 것이다. 그는 영원히 먹거나 마시지 않고도 살 수 있다고 말하는 게 아니다. 매를 5천 대나 맞고도 목숨을 부지할 수는 없다. 어떤 인간이든 감당할 수 있는 물리적인 시련에는 한계가 있는 법이다. 대신 바울은 이렇게 말하는 것이다.

"내가 가진 것이 바닥이 났을 때 비로소 나는 예비하심이 이루어지기 전까지 나를 지탱해주시는 그리스도의 능력을 경험했다."

그는 이사야서 40장 31절의 약속을 믿었다.

"오직 여호와를 앙망하는 자는 새 힘을 얻으리니 독수리가 날개치며 올라감 같을 것이요 달음박질하여도 곤비하지 아니하겠고 걸어가도 피곤하지 아니하리로다."

자족은 완전히 탈진한 순간 당신을 붙들어 세워주시는 그리스도의 능력을 경험할 때 찾아온다. "무능한 자에게는 힘을 더하시나니"29절라고 했다. 당신의 삶에서 어려움을 경험하고 있다면, 당신 안에 펼쳐질 그리스도의 능력을 기대하라!

나는 오랜 세월을 지나오면서 만족을 경험하는 능력을 키워왔다. 그럴 수 있었던 한 가지 주요한 이유는, 오직 하나님만이 하실 수 있는 일을 하나님께서 내 삶에서 행하시는 것을 보았기 때문이다. 그렇지 않으면 나는 염려에 빠지고 평강을 맛보지 못하며 어려운 상황을 다루는 나의 능력에 겁을 먹기 쉬웠을 것이다. 그러나 나는 그분의 힘에 나 자신을 맡기고 이렇게 말하는 법을 배웠다.

"주님, 제 스스로는 해결할 수 없는 상황입니다. 인간의 어떤 자원으로도 감당할 수 없는 일입니다. 그러니 저를 끝까지 도와주시는 당신께 의지하겠습니다"고전 10:13.

심장 박동 조절장치가 어떻게 작동하는지 아는가? 조절장치를 붙인 심장이 제 기능을 하지 못할 때 그것은 움직이기 시작한다. 그것은 심장의 기능을 지속시켜주는 동력이다. 크리스천으로서 우리는 한계에 다다랐을 때 우리를 움직일 수 있게 해주는 영적인 동력장치를 가지고 있다. 그러므로 우리는 "우리 가운데서 역사하시는 능력대로 우리가 구하거나 생각하는 모든 것에 더 넘치도록 능히 하실 이에게"엡 3:20 맡길 수 있다.

죽음의 그늘이 드리워진 골짜기를 지날 때, 낭떠러지 끝에 서 있을 때, 문제들을 해결할 수 없을 때, 충돌을 피해갈 수 없을 때, 결혼생활을 유지할 수 없을 때, 자녀들의 문제에 속수무책일 때, 일하는 환경을 바꿀 수 없을 때, 육체를 파고드는 질병과 더 이상 싸울 수 없을 때 오히려 당신은 자족을 배우게 될 것이다. 그런 일은 당신이 하나님을 향해 돌아서서 그 상황을 헤쳐나갈 힘을 찾을 때 일어난다.

그러나 여기에 중요한 제한이 있다. 당신이 죄 된 삶을 살아가고 있다면, 지금 죄의 함정에 빠져 있다면, 주님이 당신의 삶에 개입하셔서 그분의 능력을 현란하게 보이시고 당신을 만족케 하실 것을 기대하지 말라. 이때는 오히려 상황이 자연적으로 만들어낸 고통에 교정의 징계를 더하시기가 쉽다. 죄로 물든 삶의 양식을 위한 빠른 해결법은 없다. 육체의 건강이 바른 생활의 결과인 것처럼 하나님의 능력 역시 우리가 영적인 면에서 순종할 때 얻는 결과이다. 그것을 경험한 한 여성의 편지에 담긴 강력한 메시지를 들어보자.

친애하는 존 목사님!
저는 11년쯤 되는 결혼생활을 해오는 동안 남편을 속이고 외도를 했습니다. 기본적으로 남편을 사랑하지만 그이에게 100퍼센트 헌신하지 못한다는 것을 저 스스로도 알고 있었죠. 하지만 그것을 어떻게 바꿔야 할지 몰랐습니다.
비참했습니다. 자존감도 느낄 수 없었고 어찌나 우울하고 불만스러웠는지 모릅니다. 그래서 공허함을 채워보려고 닥치는 대로 쇼핑을 했죠. 그러면서도 워낙 거짓말에 능숙해서 다른 모든 사람들은 물론 남편까지 감쪽같이 속이며 지냈답니다. 어쨌거나 대부분의 시간에는 여전히 제 할 일을 잘했고 대부분은 저를 정말 좋은 사람이라고 생각했죠. 저의 나쁜 면을 철저하게 숨긴 덕분이랍니다. 저는 대부분의 사람들 앞에서는 상당히 착실한 모습을 하고 있었지만 언제나 가면을 쓰고 있는 느낌이었습니다. 누군가가 제게 매력적이라고 말할 때면 저는 속으로 이런 생각을 했죠.

'내 속을 들여다봐도 저런 소리를 할까?'

그러다 자꾸 우울증이 도져서 상담을 받게 되었습니다. 2년 정도 상담을 받다보니 지금까지 제가 왜 그런 행동들을 해왔는지 몇 가지 이유들에 대해 좀 더 알게 되었지만 어떻게 달라져야 할지 여전히 해답을 찾지는 못했죠.

저는 크리스천 가정에서 태어났습니다. 아버지는 목사님이셨고 저는 어릴 때 '그리스도를 영접'한 터였습니다. 하지만 실제로 그리스도를 따르는 것에 대해 아는 것은 전혀 없었습니다. 자라면서 그리스도를 따르는 시늉을 여러 차례 해보았지만 그것은 제게 큰 의미로 다가오지 않았습니다. 마침내 대학을 다니기 위해 집에서 나오자마자 저는 그 모든 것들을 거부하고 제가 좋아하는 길로 가게 되었죠. 하나님의 것들에 매우 냉담해졌고 그럴수록 사탄이 기뻐했을 게 분명합니다.

절망하고 자포자기하는 심정으로 두세 차례 정도 하나님께 도와달라고 부르짖었지만 제가 한 일들을 회개한다는 말을 일부러 하지는 않았습니다. 그리고 아무런 응답이 없자 하나님께서 저를 미워하시고 다시는 저와 아무런 관계도 갖고 싶어하지 않으시는 게 분명하다고 생각하게 되었습니다. 그 일로 인해 저는 더욱 비참하고 제 자신이 가치 없게 느껴졌답니다.

그랬던 제가 지금은 한 사람의 마음과 행동을 바꾸시는 성령님의 능력을 증거하는 삶을 살고 있습니다. 제 삶이 달라질 수 있을 것이라는 확신이 한 번에 생겨난 것은 아닙니다. 그것은 차츰차츰 일어난 일이죠. 하지만 한 가지 변화는 즉시 일어났습니다. 제가 남편과 지금까지 함께해온 날들이 제게는 가장 소중한 것임을 하나님께서 아신다고 생각했기 때문입니다. 구원받지 못한 남편에게, 그리고 결혼생활에 100퍼센트 헌신해야겠다는 생각이 들었습니다. 온 마음을 다해 그이를 사랑하고 그를 욕되게 하는 어떤 일도 다시는 하지 말아야겠다고 생각했죠. 제가 특별히 요청해서 그런 일이 일어난 것은 아닙니다. 그냥 일어난 일입니다! 저는 지금 깊은 기쁨과 만족을 누리고 있습니다. 평생 그 의미를 알지 못할 것이라고 생각했던 만족을 얻었습니다.

이 여성이 순종하는 믿음으로 돌아서자 하나님은 영적인 능력과 만족으로 그녀를 놀랍게 축복하셨다. 이것저것 다 해보았지만 어쩔 도리가 없게 되어 순종하는 다른 크리스천들에게도 이와 동일한 축복이 기다리고 있다.

다른 사람의 잘됨을 앞세우라

자신을 위해 산다면 만족이란 있을 수 없다. 우리 중 많은 이들이 만족을 경험하지 못하는 이유는 우리가 원하는 방식 그대로 세상이 돌아가기를 요구하기 때문이다. 우리는 배우자가 우리의 기대와 생각들을 채워주기를 원한다. 자녀들이 우리가 미리 정한 계획에 따라와주기를 원한다. 그 밖에 다른 모든 것들이 작은 찬장 속에서 그릇들이 차곡차곡 놓여 있는 것처럼 우리가 정해놓은 대로 정확히 제 위치에 놓여 있기를 원한다.

바울은 빌립보 사람들이 다른 관점을 가지기를 기도했다. 그는 서로를 향한 그들의 사랑이 풍성하기를 원하면서 서신을 쓰기 시작했고 빌 1:9 이어 다음과 같은 실질적인 조언을 했다.

"아무 일에든지 다툼이나 허영으로 하지 말고 오직 겸손한 마음으로 각각 자기보다 남을 낫게 여기고" 빌 2:3.

그는 사람들이 다른 사람의 잘됨을 먼저 생각하는 일에 열심을 내기를 원했다. 그는 그들과 우리에게 다음과 같은 본을 보여준다.

"그러나 너희가 내 괴로움에 함께 참여하였으니 잘하였도다 빌립보 사람들아 너희도 알거니와 복음의 시초에 내가 마게도냐를 떠날 때에 주고 받는 내 일에 참여한 교회가 너희 외에 아무도 없었느니라 데살로니가에 있을 때에도 너희가 한 번뿐 아니라 두 번이나 나의 쓸 것을 보내었도다 내가 선물을 구함이 아니요 오직 너희에게 유익하도록 풍성한 열매를 구함이라 내게는 모든 것이 있고 또 풍부한지라 에바브로디도 편에 너희가 준 것을 받으므로 내가 풍족하니 이는 받으실 만한 향기로운 제물이요 하나님을 기쁘시게 한 것이라 나의 하나님이 그리스도 예수 안에서 영광 가운데 그 풍성한 대로 너희 모든 쓸 것을 채우시리라"빌 4:14-19.

바울은 하나님의 섭리를 확신하고 환경에 초월했으며 거룩한 능력을 입었음에도 불구하고 어떻게 은혜로운 감사의 말을 쓸지 알고 있었다. 그는 빌립보 사람들이 다른 이들의 필요를 돌보는 숭고한 일을 했음을 알기를 원했다. 그들은 분명히 로마에 있는 바울에게 에바브로디도 편에 음식과 옷과 돈을 보냈던 마케도니아의 가난한 교회였다 고후 8-9장. 그들의 넓은 마음씨에 바울은 감명을 받았다. 선물과 관련해 그가 가장 기뻐했던 점이 무엇인지 보라.

"내가 선물을 구함이 아니요 오직 너희에게 유익하도록 풍성한 열매를 구함이라"빌 4:17.

그는 그들의 물질적인 소득보다 영적인 유익에 더욱 관심을 보였다. 안락하고 잘 먹고 만족하는 것은 인생에서 바울이 가지고 있던 주요 관심사가 아니었다. 그보다 그는 그가 사랑하는 사람들의 삶에 돌아가는 영원한 배당금에 관심이 있었다.

다음은 시간을 초월해 적용할 수 있는 성경적인 원리들이다.

"흩어 구제하여도 더욱 부하게 되는 일이 있나니 과도히 아껴도 가난하게 될 뿐이니라 구제를 좋아하는 자는 풍족하여질 것이요 남을 윤택하게 하는 자는 윤택하여지리라"잠 11:24-25.

"가난한 자를 불쌍히 여기는 것은 여호와께 꾸이는 것이니 그 선행을 갚아주시리라"잠 19:17.

"주라 그리하면 너희에게 줄 것이니"눅 6:38.

"이것이 곧 적게 심는 자는 적게 거두고 많이 심는 자는 많이 거둔다 하는 말이로다"고후 9:6.

바울은 그가 받은 선물을 가리켜 "내게는 모든 것이 있고 또 풍부한지라 에바브로디도 편에 너희가 준 것을 받으므로 내가 풍족하니 이는 받으실 만한 향기로운 제물이요 하나님을 기쁘시게 한 것이라"빌 4:18고 설명했다. 구약의 이미지를 빌려 "너희는 그것을 나에게 준 것일 뿐만 아니라 하나님께도 드렸다"라고 말하는 것이다. 이 장의 서두에 나오는 본문의 10절을 보면 바울이 그 선물을 받고 얼마나 기뻐했는지 알 수 있다. 그가 기뻐한 것은 원했던 것을 마침내 받았기 때문이 아니라 빌립보 사람들이 하나님을 영화롭게 하고 그들에게 영적인 유익으로 돌아갈 무언가를 그에게 주었기 때문이다. 11절에서 그는 자신이 그것을 필요로 하지 않았음을 정중하게 밝혔다.

바울은 서신을 마무리하면서 그들의 행함에 대해 "나의 하나님이 그리스도 예수 안에서 영광 가운데 그 풍성한 대로 너희 모든 쓸 것을 채우시리라"[19절]는 말을 했다. 성경에서 가장 자주 인용되는 구절이지만 그것을 문맥상에서 볼 필요가 있다. 바울은 이렇게 말하는 것이다.

"너희는 궁핍한 가운데서도 내게 베풀어주었다. 하나님께서 이 빚을 갚으실 것을 너희가 확신하기를 원한다. 그분은 너희의 필요한 모든 것을 채우실 것이다."

그것은 빌립보 사람들이 희생한 이 땅의 물질적인 필요를 언급하는 것으로서 하나님께서 그들의 희생에 대한 응답으로 충분히 되돌려주실 것이다.

"네 재물과 네 소산물의 처음 익은 열매로 여호와를 공경하라 그리하면 네 창고가 가득히 차고 네 포도즙 틀에 새 포도즙이 넘치리라"[잠 3:9-10]고 했다. 하나님은 우리에게 영적인 축복만 주시는 게 아니라 배고파 죽게 하는 일도 없게 하실 것이다. 당신이 그리스도 안에 있다면 영광 가운데 계신 하나님의 풍성함은 곧 당신의 것이다. 첫 장에서 배운 바와 같이 우리가 무엇을 먹고 마시고 입을지 앞세우지 말아야 할 이유가 여기에 있다. 대신 우리는 먼저 그의 나라와 그의 의를 구하고 염려하지 말아야 한다[마 6:33-34].

만족에 대해 배운 것을 적용함으로써 당신의 삶에 있는 염려를 몰아내라. 하나님의 주권적인 섭리를 굳게 믿고 환경에 휘둘리지 말라. 염려에 빠져 정신을 놓는 대신에 로마서 8장 28절의 약속에 의지하라.

"우리가 알거니와 하나님을 사랑하는 자 곧 그의 뜻대로 부르심을 입은 자들에게는 모든 것이 합력하여 선을 이루느니라."

이 구절을 당신의 남은 삶을 위한 영적인 생명줄로 여기라. 또한 적은 것에 만족하고 물질적인 필요보다는 다른 사람들의 영적인 안녕에 더욱 관심을 가짐으로써 물질 위주이고 이기적인 사회의 흐름을 단호히 거부하라. 하나님의 말씀에 순종하고 당신의 모든 필요를 채우시는 그분의 능력을 굳게 믿으라. 우리 주님이 이 모든 원리들을 우리의 마음 중심에 간직하게 하셔서 우리가 염려로부터 해방되어 만족을 누리며 진정한 의미의 '자족하는 삶'을 누리길 바란다.

염려를 버리고
자족하는 삶으로
이끄는
시편 말씀

내가 간구하는 날에 주께서 응답하시고 내 영혼에 힘을 주어 나를 강하게 하셨나이다 … 여호와께서는 높이 계셔도 낮은 자를 굽어살피시며 멀리서도 교만한 자를 아심이니이다 내가 환난 중에 다닐지라도 주께서 나를 살아나게 하시고 주의 손을 펴사 내 원수들의 분노를 막으시며 주의 오른손이 나를 구원하시리이다 여호와께서 나를 위하여 보상해 주시리이다 여호와여 주의 인자하심이 영원하오니 주의 손으로 지으신 것을 버리지 마옵소서 138:3,6-8

• • •

여호와여 주께서 나를 살펴보셨으므로 나를 아시나이다 주께서 내가 앉고 일어섬을 아시고 멀리서도 나의 생각을 밝히 아시오며 나의 모든 길과 내가 눕는 것을 살펴보셨으므로 나의 모든 행위를 익히 아시오니 여호와여 내 혀의 말을 알지 못하시는 것이 하나도 없으시니이다 … 내가 주의 영을 떠나 어디로 가며 주의 앞에서 어디로 피하리이까 … 내가 새벽 날개를 치며 바다 끝에 가서 거주할지라도 거기서도 주의 손이 나를 인도하시며 주의 오른손이 나를 붙드시리이다 … 주께서 내 내장을 지으시며 나의 모태에서 나를 만드셨나이다 내가 주께 감사하오음은 나를 지으심이 심히 기묘하심이라 주께서 하시는 일이 기이함을 내 영혼이 잘 아나이다 … 내 형질이 이루어지기 전에 주의 눈이 보셨으며 나를 위하여 정한 날이 하루도 되기 전에 주의 책에 다 기록이 되었나이다 … 하나님이여 나를 살피사 내 마음을 아시며 나를 시험하사 내 뜻을 아옵소서 내게 무슨 악한 행위가 있나 보시고 나를 영원한 길로 인도하소서 139:1-4,7,9-10,13-14,16,23-24

· · ·

내가 소리 내어 여호와께 부르짖으며 소리 내어 여호와께 간구하는도다 내가 내 원통함을 그의 앞에 토로하며 내 우환을 그의 앞에 진술하는도다 내 영이 내 속에서 상할 때에도 주께서 내 길을 아셨나이다 내가 가는 길에 그들이 나를 잡으려고 올무를 숨겼나이다 142:1-3

· · ·

그러므로 내 심령이 속에서 상하며 내 마음이 내 속에서 참담하니이다 내가 옛날을 기억하고 주의 모든 행하신 것을 읊조리며 주의 손이 행하는 일을 생각하고 주를 향하여 손을 펴고 내 영혼이 마른 땅 같이 주를 사모하나이다 (셀라) … 아침에 나로 하여금 주의 인자한 말씀을 듣게 하소서 내가 주를 의뢰함이니이다 내가 다닐 길을 알게 하소서 내가 내 영혼을 주께 드림이니이다 여호와여 나를 내 원수들에게서 건지소서 내가 주께 피하여 숨었나이다 주는 나의 하나님이시니 나를 가르쳐 주의 뜻을 행하게 하소서 주의 영은 선하시니 나를 공평한 땅에 인도하소서 143:4-6,8-10

· · ·

여호와께서는 모든 넘어지는 자들을 붙드시며 비굴한 자들을 일으키시는도다 모든 사람의 눈이 주를 앙망하오니 주는 때를 따라 그들에게 먹을 것을 주시며 … 여호와께서는 자기에게 간구하는 모든 자 곧 진실하게 간구하는 모든 자에게 가까이 하시는도다 145:14-15,18

· · ·

할렐루야 내 영혼아 여호와를 찬양하라 나의 생전에 여호와를 찬양하며 나의 평생에 내 하나님을 찬송하리로다 146:1-2

· · ·

할렐루야 우리 하나님을 찬양하는 일이 선함이여 찬송하는 일이 아름답고 마땅하도다 … 상심한 자들을 고치시며 그들의 상처를 싸매시는도다 … 우리 주는 위대하시며 능력이 많으시며 그의 지혜가 무궁하시도다 여호와께서 겸손한 자들은 붙드시고 악인들은 땅에 엎드러뜨리시는도다 … 여호와는 자기를 경외하는 자들과 그의 인자하심을 바라는 자들을 기뻐하시는도다 147:1,3,5-6,11

지식을 넘어 삶 속으로

스터디 가이드

자족하는 삶을 누리는 첫 번째 단계
하나님의 세밀한 돌보심을 관찰하라

❋ 이 장의 주제

　마태복음 6장 25-34절에서 예수님은 하나님께서 사랑하는 이들의 필요를 아낌없이 채워주시는 증거들이 우리 주변에 무수히 있으므로 염려하지 말라고 말씀하셨다.

❋ 마음 열기

1. 셜록 홈즈라고 가정하고, 마태복음 6장 25-34절에 나오는 관찰에 대해 예수님께서 말씀하신 이치를 왓슨 박사에게 설명해보라.

2. 어느 화창한 봄날 어린아이와 함께 산책을 하고 있다면, 어떤 예를 들어 이 세상의 필요를 채우는 하나님의 풍성한 공급하심을 설명하겠는가?

❂ 내용 탐구

1. 사치품과 관련된 염려가 아니라 생필품에 관한 염려라면 어느 정도 해도 되지 않는가?

   ---

2. 저축을 하거나 보험에 가입하는 것은 하나님에 대한 신뢰가 부족함을 암시하는가?

   ---

3. 하나님이 어떤 분인지 아는 것이 어떻게 삶의 기본적인 것들에 대한 염려와 연결되는지 설명해보라.

   ---

4. 새들을 바라볼 때 당신의 삶을 어떻게 살아갈 것인가와 관련해 어떤 생각이 드는가?

   ---

5. 수명의 길고 짧음과는 상관없이 당신은 어떻게 삶을 최대한 풍성하게 누릴 수 있는가?

   ---

6. 잠깐 있는 들꽃들에도 하나님은 놀라운 아름다움을 아낌없이 부어주신다. 이와 관련해 하나님께서 그분의 자녀들에게 공급하시는 것은 어떠할지 생각해보라.

   ---

7. '내일은 하나님께 속한 것' 이라는 사실에 대해 제이 아담스가 한 말을 설명해보라.

   ---

8. 우선적으로 하나님의 나라를 추구하는 것은 염려와 어떻게 연관되는가?

❇ 삶의 적용

1. 당신은 하나님의 나라에 좀 더 관심이 있는가, 아니면 이 세상의 것에 좀 더 관심이 있는가? 잘 평가할 수 있도록 주중에 당신이 행한 여러 가지 일들을 죽 적어보라. 각 항목 옆에 그 시간이 당신을 위한 것이었는지, 아니면 하나님을 위한 것이었는지 표시해보라. 여러 항목들 중에서 한 개를 골라 그 시간만큼은 자신을 위해 쓰지 않겠다는 결심을 해보라.

2. 부모가 자녀들을 위해 하고 있는 많은 일들을 생각해보라. 그러한 일들 가운데 얼마나 많은 일들을 하나님께서 당신을 위해 하고 계시는가? 또한 그 이상의 일들을 하고 계시는가? 자녀인 당신을 향한 하나님의 특별한 사랑에 대해 생각해보라. 그 사랑은 당신의 염려와 어떻게 연관되는가? 이 시간, 당신을 향한 하나님의 사랑과 돌보심에 감사드리라.

3. 당신은 하나님을 사랑하기에 그분께 영광 돌리기를 간절히 원하는가? 오랫동안 염려하는 사람으로 살아왔을지라도 이제 하나님께 영광을 올려드리는 하나의 방법으로서 기꺼이 만족하며 염려를 떨쳐버릴 수 있겠는가? 삶의 우선순위를 좀 더 마음에 새기기 위해 고린도전서 10장 31절을 암송하라.

> 그런즉 너희가 먹든지 마시든지 무엇을 하든지
> 다 하나님의 영광을 위하여 하라.

4. 창세기 3장 18-19절과 데살로니가후서 3장 10절을 찾아보라. 하나님은 남자에게 어떻게 음식을 얻도록 하셨는가? 하나님의 계획을 따르지 않았을 때 그에게 무슨 일이 일어났는가? 하나님은 새들에게 하시는 것과 똑같이 사람들에게 필요한 것을 공급하신다. 사람이 그분의 계획을 따른다면 말이다.

레위기 26장 3-5절, 신명기 5장 32-33절, 8장 1절, 예레미야 38장 20절, 요한복음 12장 26절을 찾아보라. 하나님은 하나님께 순종하는 이들을 위해 어떤 일을 하시는가? 위의 구절들은 삶의 기본적인 것들에 대한 걱정과 어떻게 연결되는가? 당신은 걱정하는 대신에 어떤 일을 해야 하는가? 반드시 순종함으로써 하나님의 나라와 그분의 의를 구하라.

자족하는 삶을 누리는 두 번째 단계
기도로 염려를 피하라

❈ 이 장의 주제

 빌립보서 4장 6-9절에서 확인하듯이, 염려를 피하는 최고의 방법은 기도이다. 옳은 생각과 행동은 그 다음에 취할 논리적인 단계들이다.

❈ 마음 열기

1. 커다란 물고기에게 삼켜졌을 때 요나는 오히려 감사의 기도를 드렸다. 요나와 같은 어려움에 갑자기 처할 경우 당신은 어떤 반응을 보일지 깊이 생각해보라.

2. 한 친구가 자신의 생활이 각박하고 어렵다보니 삶의 여유가 없어졌다고 토로한다. 마태복음 6장과 빌립보서 4장에서 배운 것을 토대로 그 친구에게 현명한 조언을 해주라.

❈ 내용 탐구

1. 염려를 피하는 가장 좋은 방법은 무엇인가? 그 대답을 뒷받침해 줄 성경 구절을 찾아보라.

   ----

2. 다음의 빈칸을 채우라.
   크리스천의 삶에서 실제로 요구되는 것은 우리의 삶에서 모든 불편한 환경을 제거하는 것이 아니라 모든 상황 한가운데서 _____ 을 _____ 하는 것이다.

3. 크리스천이 성숙해가는 과정에서 기도함으로 염려의 죄를 뒤로 한 다음의 단계는 무엇인가?

   ----

4. 우리의 생각을 깨끗케 하는 하나님의 주요한 매체는 무엇인가? 그 답을 뒷받침해줄 성경 구절을 들어보라.

   ----

5. 경건한 태도와 생각들, 그리고 행동들은 어떻게 어우러져 작용하는가?

   _____
   _____

6. 다음의 빈칸을 채우라.

   정결한 행동은 영적인 _____ 과 _____ 을 만들어낸다.

7. 염려로부터 우리를 지켜줄 최고의 보호책은 무엇인가?

   _____
   _____

❋ 삶의 적용

1. 하나님은 우리가 스스로의 문제들을 다루도록 도우실 수 있다. 다음은 크리스천들이 겪는 몇 가지 가장 흔한 문제들이다. 각 항목에 맞는 적절한 구절들을 찾아 연결해보고 당신의 필요에 해당하는 구절을 암송하라.

재정적인 어려움	• 롬 8:29-39
불의	• 마 28:20
구원에 대한 의심	• 요일 1:9
하나님께 용서받지 못했다는 생각	• 시 37:1-11
외로움	• 빌 4:9

2. 기도가 응답되어 기뻐해본 적이 있는가? 그러한 기쁨을 보장받는 좋은 방법 가운데 하나는 기도 제목을 적는 것이다. 개인 기도 일지를 만들어 매일의 기도 제목들과 그것을 작성한 날짜를 적으라. 그런 다음 특정한 기도들이 응답될 때마다 그 옆에 표시를 해두라. 그것은 불확실한 미래 앞에서 우리가 평안할 수 있는 큰 힘의 원천이 된다.

3. 청교도 존 오웬 John Owen은 계속해서 영적인 일들에 초점을 맞추는 것이 중요함을 보여주는 다음의 비유를 들었다.

> 많은 이들에게 있어 영적인 것들에 대한 생각들은 여관에 잠시 들렀다가 가버리는 손님과 같다. 집에 거주하는 자녀들과 같지 않다. 손님들이 가끔씩 들어오면, 그들에게 적절한 즐거움을 제공하기 위해 많은 활동들이 일어나게 마련이다. 한동안 그들은 머물다가 떠나는데 그러고 나면 다시는 볼 일도, 안부를 물을 일도 없다. 그런 일들에 수반되는 또 다른 특징은, 좀 있다가 여관은 새로운 손님들로 채워진다는 것이다.
>
> 그러나 집에 거주하는 자녀들은 멀리 떨어져 있으면 섭섭하게 생각되고, 그들에게는 그들을 위하여 끊임없이 준비된 양식이 있다. 영적인 일들에 관해 간헐적으로 드는 생각들이 그러하다. 이러저러한 식으로 영적인 것들에 대한 생각들이 마음에 들어와서는 한동안 환대를 받는다. 그러다 갑자기 떠나고 나면 사람들은

> 더 이상 그들의 소리를 듣지 못한다. 그러나 은혜의 샘물에서 솟아나는, 마음이 자리잡고 있는 본연의 참다운 영적인 생각들은 집에 거주하는 자녀들과 같다. 그 생각들은 언제 어디에 있는지 예상할 수 있다. 그 생각들은 보이지 않으면 찾아나서게 되어 있다. 마음은 어찌하여 그 생각들 없이 그토록 오랜 시간을 지나왔는지 그 이유를 스스로에게 물으며, 원했던 대화를 하기 위해 그것들을 불러 모은다.

위의 내용을 염두에 두면서 "나의 반석이시요 나의 구속자이신 여호와여 내 입의 말과 마음의 묵상이 주의 앞에 열납되기를 원하나이다"시 19:14라는 구절을 당신의 기도로 만들어보라.

4. 리처드 메이휴 Richard Mayhue는 「영적인 친밀함」 Spiritual Intimacy에서 이렇게 썼다.

> 우리 대부분은 뭔가를 한 번 듣는 것만으로는 충분하지 않다. 심오한 뭔가를 짧게 생각한다는 것은 그 의미를 온전히 파악하거나 이해할 만한 충분한 시간을 갖지 못하는 것이다. 이것은 성경에 나타난 하나님의 마음과 관련해 특히 그러하다. 묵상하는 생각은 때때로 잘못된 생각으로 흐르기 쉽다. 예를 들어 그 의미를 설명해보겠다. 내 경우 커피 추출기를 보면 그런 그림이 가장

생생하게 떠오른다. 물이 작은 관을 따라 올라가다가 커피 가루에 방울져 떨어지는데 그러한 순환이 충분히 이루어진 후에 커피 원두의 맛과 향이 우리가 커피라고 부르는 물에 전해진다. 이와 같이 우리의 생각은 우리가 하나님처럼 생각하기 시작할 때까지 하나님의 말씀이라는 '가루'를 통과해 순환되어야 한다.

하나님의 말씀을 정기적으로 묵상하며 당신의 마음을 새롭게 하라. 그렇게 할 때 당신의 마음은 영적으로 건강해지고 염려를 비롯해 해가 되는 것들로부터 멀어지게 될 것이다. 성경을 1년에 한 번 통독할 수 있도록 고안된 여러 종류의 성경책과 일정표들을 사용해보라. 연대기표는 하나님께서 인간의 역사에 계시하신 대로 말씀의 흐름을 따라가는 데 특히 도움이 된다.

자족하는 삶을 누리는 세 번째 단계
'겸손'으로 주님께 근심을 맡기라

❀ 이 장의 주제

　베드로전서 5장 5-7절은 하나님과 하나님의 때를 신뢰하는 겸손한 태도를 가질 때 우리의 모든 근심들을 그분께 진심으로 넘겨드릴 수 있다고 가르친다.

❀ 마음 열기

1. 요한복음 13장에서 예수님은 제자들의 발을 씻기심으로 위대한 겸손의 본을 보여주셨다. 당신이 관찰한 우리의 문화 중에서 이와 상응하는 예는 무엇인가?

2. 하나님의 권능의 손이 자신의 삶에 가져다준 것을 원망하는 사람과 이야기한다고 생각해보라. 분노하는 그에게 어떤 말로 도움을 주겠는가?

❈ 내용 탐구

1. 염려들을 모두 하나님께 넘겨드리는 능력은 어디에서 오는가?

   ----

2. 요한복음 13장에서 발을 씻기는 사건을 당신의 삶에 실제로 적용한다면 어떤 일을 할 수 있는가?

   ----

3. 다음의 빈칸을 채우라.
   예수님께서 주시는 겸손의 축복을 즐기는 첫걸음은 _____ 조차 섬기기 위해 자신을 낮추는 것이다.

4. 영적인 생활의 어떤 명백한 사실이 우리에게 겸손하도록 동기를 부여해주는가?

   ----

5. 우리는 언제 전능하신 하나님의 엄중하심을 경험하게 되는가? 이때 명심해야 할 균형 요소는 무엇인가?

----

6. 현재 겪고 있는 시련과 관련해 하나님의 때에 대해 토론해보라.

----

7. 하나님은 모든 염려와 관련해 당신이 어떻게 하기를 바라시는가? 그렇게 행한 사람의 예를 구약 성경에서 찾아보라.

----

8. 무거운 짐을 지고 있는 당신을 누군가가 무성의하게 대할 때, 그래서 당신의 짐을 더욱 무겁게 만들 때 이에 반응하는 성경적인 방법은 무엇인가?

❋ 삶의 적용

1. 당신과 가장 가까운 사람은 당신이 얼마나 겸손하다고 생각하는가? 정확한 답을 얻는 한 가지 방법은, 요한복음 13장에 나오는 어떤 행동 유형이 받아들이기에 가장 좋은지 묻는 것이다. 그 대답을 들은 후에 주의 깊게 생각해보라.

2. 로버트 머레이 맥체인Robert Murray McCheyne의 글에는 하나님의 관점이 반영되어 있다.

> 고통을 받은 적이 없는 크리스천들에게는 현저히 결핍된 것이 하나 있다. 어떤 꽃들은 향기를 발하기 전에 찢어지거나 상처를 입어야만 한다.

염려되는 일이 있다면 무조건 피해야 하는 것으로 보는가, 아니면 변화된 삶의 향기를 발하는 기회로 보는가?

3. 우리는 걱정과 같은 '사소한' 죄보다는 감내해야 할 대단한 고민을 더 문제시하는 경향이 있다. 그러나 하나님의 관점으로 볼 때 "고민의 바다보다 죄 한 방울에 더 많은 악이 들어 있다." 개인의 안락보다는 죄를 피하는 일에 더 관심을 갖게 해달라고 주님께 간구하라.

4. 잠언 15장 33절은 "겸손은 존귀의 앞잡이니라"고 말한다. 당신은 얼마나 자주 그 두 가지의 순서를 섞게 되는가? 야고보서 4장 1-10절을 읽으라. 우리가 스스로를 높일 때 어떤 일이 일어나는가? "세상과 벗된 것이 하나님의 원수임을" 기억하라. 지난주에 하나님께 어떤 원망을 한 적이 있는가? 교만은 우리 안에 차츰 스며들어 우리를 더럽힌다. 이번 주에 좀 더 겸손한 태도를 개발함으로써 당신의 삶에 뿌리내린 교만을 뽑기 시작하겠다는 목표를 세워보라.

자족하는 삶을 누리는 네 번째 단계
믿음으로 주님만을 바라보라

❈ 이 장의 주제

"걱정의 시작은 믿음의 끝이요, 참믿음의 시작은 걱정의 끝이다."
히브리서 11-12장과 시편의 말씀들은 많은 면에서 이 점을 설명해 준다.

❈ 마음 열기

1. 조지 뮬러의 마음을 품어보라. 믿음을 가지고 누군가를 도와 그의 비참한 형편을 나아지게 하고 싶은 일이 있는가? 그 가운데 계속 당신의 눈에 밟히는 일은 무엇인가?

2. 당신은 지금 우리나라에서 얼마나 악한 일들이 일어나는지 염려하는 한 성도와 이야기를 하고 있다. 당신은 어떻게 그를 위로하고 나아가 그에게 도전을 주겠는가?

✺ 내용 탐구

1. 믿음과 염려는 어떤 상관관계가 있는가?

   ----

2. 다음의 빈칸을 채우라.
   우리의 행동은 우리가 _____ 있는 것을 보여준다.

3. 믿음의 방패는 어떤 역할을 하는가?

   ----

4. 다음의 빈칸을 채우라.
   크리스천으로 살아갈 때 당신의 시선은 _____에게 있어야 한다.

5. 믿음의 경주의 결승선에서 우리를 기다리는 것은 무엇인가? 그 가운데 지금 당신이 경험하고 있는 것이 있는가?

   ----

6. 겸손과 감사의 기도는 어떻게 결합되는가?

   ---

7. 다음의 빈칸을 채우라.

   염려는 _____ 하는 환경에서는 살아남을 수 없다.

8. 참된 찬양을 이루는 요소들은 무엇인가? 두 가지 요소를 보여주는 구약의 예를 각각 들어보라.

✺ 삶의 적용

1. 당신은 살아가면서 어떻게 행동할지 결정할 때 하나님의 말씀보다 환경을 따르고 있지 않은가? 당신은 하나님을 잘 알고 있는가? 여호수아서 1장 8절을 읽으라. 하나님은 그분의 말씀을 밤낮으로 묵상하는 사람들을 위해 무엇을 하겠다고 약속하시는가? 매일 따로 시간을 내어 하나님의 말씀을 보겠다는 약속을 하겠는가?

2. 히브리서 11장과 이 내용에 해당하는 구약 성경을 읽으라. 믿음에는 모험이 따른다. 잠시 위기에 처할 수 있으나 그로 인해 믿음

이 자라는 것에 대해 하나님을 신뢰하는가?

3. 사는 게 어렵고 미래가 불확실할 때 당신은 어떻게 반응하는가? 크리스천으로서 가진 믿음은 당신의 인생관에 어떤 영향을 미치고 있는가? 모든 시련과 미래의 일들, 그리고 현재의 모든 상황들을 믿음의 눈으로 보고 있는가? 그렇지 않다면 당신의 삶에 약간의 변화가 필요하다. 기도에 자극이 되도록 야고보서 5장 16절을 암송하라.

> 의인의 간구는 역사하는 힘이 큼이니라.

4. 하나님의 많은 속성들을 열거해보라. 그런 후 하나님께서 당신의 삶에 이루신 은혜로운 일들을 열거해보라. 이제 당신이 걱정하고 있는 상황들을 열거해보라. 하나님의 속성과 그분이 하신 일들을 명확하게 인용하며 기도하라.

자족하는 삶을 누리는 다섯 번째 단계
나를 지키는 이들과 풍성한 교제를 나누라

❋ 이 장의 주제

염려에 맞서는 개인의 전투가 중요한 일인 만큼 하나님은 그 전투에서 당신을 돕기 위해 천사와 동료 크리스천의 사역을 제공하신다.

❋ 마음 열기

1. 자녀들에 대해 크게 걱정하는 한 크리스천 어머니는 아이들이 눈에 보이지 않을 때 그들에게 어떤 끔찍한 일이 일어나지 않을까 하는 두려움을 떨칠 수 없음을 인정했다. 당신은 그녀에게 어떤 도움을 주겠는가?

2. 한 크리스천 친구가 주님과 교제하는 시간이 얼마나 달콤한지 당신에게 말하고 있다. 그런데 계속 대화를 나누어보니 그 친구는

정기적으로 교회에 다니지도 않고 성경공부나 그 밖에 어떤 크리스천과도 교제를 나누고 있지 않는 게 확실하다. 그의 태도는 '오직 나와 예수님'으로 요약된다. 예수님은 당신이 그에게 어떻게 반응하기를 바라시겠는가?

❈ 내용 탐구

1. 히브리서 1장 14절은 천사들을 어떻게 묘사하고 있는가?

   ---

2. 하나님께서 그분의 자녀들을 육체적으로 구해주시는 주요한 방법 가운데 하나는 무엇인가?

   ---

3. 성령과 천사들이 성도들을 인도하는 방법들을 비교해보라.

   ---

4. 누군가를 지켜주는 천사의 능력과 사람의 능력을 비교해보라.

   ----

5. 다음의 빈칸을 채우라.
   당신은 결코 하나님께서 당신을 _____ 수 없는 상황에 들어갈 수 없다.

6. 한시적인 영적 은사들을 적어본 다음 영구적인 은사들을 적어보라. 영구적인 은사들 가운데 특히 어떤 것이 교회가 염려를 다루는 데 도움이 되겠는가?

   ----

7. 영적인 은사들을 사용하여 '서로'를 돌보는 몇 가지 방법들을 신약 성경에서 찾아보라.

   ----

8. 참된 교제를 나누는 크리스천이라면 경계해야 할 몇 가지 일들을 들어보라.

   ----

9. 완충재를 두른 크리스천의 비극에 대해 설명해보라. 그 치료책은 무엇인가?

　　--
　　--

10. 다음의 빈칸을 채우라.
　　염려의 짐을 지는 데 있어 _____의 힘을 절대 과소평가하지 말라.

✸ 삶의 적용

1. 베드로가 감옥에 갇혔을 때 그를 풀려나게 해달라고 많은 이들이 하나님께 간절히 기도했다 행 12:5. 그러나 정작 베드로가 기적적으로 천사에 의해 구출되었을 때 그 일이 일어나도록 기도했던 많은 이들이 그 일을 믿지 않았다 15-16절. 당신은 실제로 하나님께서 이루어주실 것이라고 기대하지 않은 어떤 일을 놓고 기도하고 있지는 않은가? 단순히 기도하는 시늉만 내지 말고 신실한 기도를 드리라. 마가복음 11장 23-24절, 누가복음 11장 5-10절, 18장 1-8절, 전도서 15장 7절에서 예수님은 기도의 기적적인 능력에 대해 뭐라고 말씀하셨는가?

2. 엘리야와 같은 하나님의 신실한 종들도 멀리 내다보지 못하고 절

망에 빠졌다. 하나님의 능력에 대한 믿음이 사라질 때 우리는 자신감을 잃고 실제로는 위협적이지 않은 것들로부터 도망을 친다. 또 두려움으로 무력해지고 하나님의 진리를 선포하지 못한다. 마태복음 10장 24-33절을 읽으라. 예수님께서 제자들에게 뭐라고 말씀하셨는가? 대립 관계에 있는 동료나 이웃, 친척이 있다면 사랑으로 그들에게 진리를 말할 수 있는 담대함을 달라고 기도하라.

3. 큰 바다 한가운데 떠 있는 바울의 상황을 잘 생각해보라. 많은 날을 풍랑 속에서 보내고 "구원의 여망이 다 없어졌다"행 27:20. 우리는 때때로 하나님을 만나기 직전에 가장 암담한 상황에 처하게 된다. 주변을 돌아보면 일에서, 결혼에서, 자녀에게서 모든 소망을 잃어버린 사람들이 있을 것이다. 염려와 절망은 그들을 한계 상황으로 데려간다. 그들의 필요에 민감해지게 해달라고, 하나님께서 성경을 통해 소망의 말씀을 그들에게 줄 때 쓰임받게 해달라고 기도하라.

4. 우리의 육체적, 영적인 안녕을 위해 하나님께서 많은 것을 준비해주심을 인정하기란 쉬운 일이다. 시편 34편과 91편을 읽으라. 그분의 끝없는 은혜와 신실하심에 감사하라. 천사로 후원해주시는 것에 감사하라. 천사들은 우리가 하나님의 온전한 뜻을 실행할 수 있도록 역사한다.

5. 히브리서 1-2장을 검토하면서 천사들에 대한 깊이 있는 연구를 하라. 종이 한 장을 반으로 갈라 한쪽에 하나님의 아들에 속한 특성들을 나열하고, 다른 한쪽에는 그에 상응하는 천사들의 특성들을 나열해보라. 1장을 분석하면서 그리스도와 천사들의 관계를 연구해보라. 2장에서 왜 그리스도가 잠시 동안 천사들보다 낮은 곳에 계셨는지 곰곰이 생각해보라.

6. 정기적으로 교회를 섬겨온 방법들을 나열해보라. 지금은 더 이상 하고 있지 않은 각각의 일들과 관련해 왜 그 일을 그만두었는지 스스로에게 질문해보라. 혹시 감정적인 호소나 일시적인 흥미에 따라 일에 참여하지는 않았는가? 현재 섬기고 있는 영역에서 하나님의 인도하심을 구하고, 생명을 위해 교회를 섬기는 데 당신의 은사들을 사용하겠다는 진실하고 영구적인 헌신을 하라.

자족하는 삶을 누리는 여섯 번째 단계
연약한 사람들, 이렇게 섬기라

✺ 이 장의 주제

염려를 공격하는 효과적인 방법은, 데살로니가전서 5장 14-15절에서 바울이 말한 교회 내의 문제 그룹들을 이해하고 돌보는 것이다.

✺ 마음 열기

교회나 성경공부 반에서 항상 두려워하고 걱정이 많고 감상에 빠져 있으며 낙담한 사람을 볼 때면 안타까운 마음이 들었을 것이다. 그 사람을 위해 당신은 무슨 일을 할 수 있는가? 어떤 충고를 해주겠는가?

✺ 내용 탐구

1. 교회가 영적으로 성장하는 방법들 중 하나는 무엇인가?

----

2. 바울이 언급한 다섯 가지의 문제 그룹을 간략하게 설명해보라.
   _____
   _____
   _____
   _____

3. 어깃장 놓는 사람들은 어떻게 다루어야 하는가? 그 방법을 설명해보라.
   _____
   _____

4. 어떻게 하면 특별히 걱정 많은 사람들을 인생의 모험에 뛰어들도록 도울 수 있는가?
   _____
   _____

5. 다음의 빈칸을 채우라.
   _____이 _____를 돌볼 때 교회는 성장한다.

6. 주님은 지치게 하는 사람들을 우리가 어떻게 대하기를 원하시는가?
   _____
   _____
   _____

7. 교회 생활을 하면서 부딪칠 수 있는 어려운 일들 중 하나는 무엇인가? 우리는 그것에 어떻게 대응해야 하는가?

----

8. 염려를 공격하는 데 필요한 큰 그림은 무엇인가?

✹ 삶의 적용

1. 에베소서 5장 27절을 읽으라. 예수 그리스도는 교회가 하나님께 어떤 모습으로 드러나기를 원하시는가? 교인들 저마다 가지고 있는 책임은 무엇이고 그 책임과 관련해 교회를 돕기 위해 당신은 무슨 일을 하고 있는가? 당신의 삶은 얼마나 그 일에 부합되고 있는가? 지나온 삶을 돌아볼 때 세상과 결혼한 영역이 있는가? 그것을 하나님께 고백하고 회개하라. 앞으로는 세상에 물들지 않으며 살겠다는 약속을 하라.

2. 다른 사람들을 돌보는 일과 관련해 당신이 가지고 있는 다음 달의 계획은 무엇인가? 내년의 계획은 무엇인가? 5년, 10년 동안의 계획은 무엇인가? 교회 교역자가 아닐지라도 교회의 장래를 위

해 비전을 품을 수 있다. 교회가 가지고 있는 필요들 중에 지금 당신이 채울 준비가 되어 있는 것이 있는가? 이제부터 준비하여 채워야 할 필요들을 주님께서 보여주고 계신가? 지금 당장은 당신의 능력을 넘어서는 일처럼 보일지라도 그러한 목표들을 어떻게 이룰지 기도하는 마음으로 계획을 세워보라.

3. 빌립보서 4장 2-3절에서 우리는 두 여인 사이의 사적인 의견 차이가 빌립보 교회 전체의 불협화음으로 발전하는 모습을 본다. 조나단 에드워즈는 다음과 같은 관찰을 남겼다.

> 다른 사람들로부터 상처를 입고 고통받는 경우, 대개 우리는-오직 당위적으로 행한다면-그리스도의 영에 이끌리어 자기 자신의 정당함과 옳음을 증명해야 할지도 모르는 위험을 감수해야 할 것이다. 왜냐하면 그 반대로 행함으로써 우리는 우리에게 상처를 준 이에게 크나큰 재난을 가져다주는 도구가 될 수 있기 때문이다. 그리고 그를 향한 다정함으로 인해 우리는 상당히 오래 인내할 수 있으며 그에게 많은 고통을 주느니 스스로 얼마간 고통을 견딜 수 있게 되고 또 그래야 한다. 그러한 과정 속에서 평강에 방해를 받을 수 있고 적대감이 쌓일지도 모르지만, 한편으로는 이런 식으로 이웃을 얻고 그를 적에서 친구로 만들 소망이 생기기도 한다.

사랑하는 마음으로 말하고 행동함으로써 신자들 사이에 화합을 이루는 일에 쓰임받게 해달라고 주님께 기도하라.

4. 이미 양육하고 있는 사람이 없다면 당신의 영향권 안에 있는 크리스천 중에 누가 당신의 영적인 성숙함으로부터 유익을 얻을 수 있을지 찾아보라. 그 사람이 성경적으로 문제를 해결할 수 있도록 돕기 위해 그에게 기꺼이 당신의 삶을 나누겠는가? 배움은 절실한 중에 가장 잘 이루어지므로 당신은 위기의 상황에서 그에게 도움을 줄 수 있어야 한다. 누군가를 양육한다는 것은 쉬운 일이 아니지만 그것이 가져다주는 기쁨과 성취감은 들인 노력보다 훨씬 가치가 있다.

5. 데살로니가전서를 읽으라. 거기에 나오는 일곱 가지 특징을 토대로 당신과 당신이 다니는 교회의 영적인 건강을 평가해보라.

- 당신과 교인들 대다수는 무늬만 크리스천인 사람들에게 맞설 수 있는 참다운 크리스천들인가?

- 당신과 그들은 그리스도처럼 되는 데 헌신하고 그분을 위해 기꺼이 고통을 받고자 하는가?

- 당신과 그들은 복음을 나눌 기회를 얻기 위해 정기적으로 기도하고 있는가? 당신의 교회는 전도하기 위해 사람들을 훈련시키는 사역을

하고 있는가?

- 당신과 그들은 전하는 메시지에 걸맞는 삶을 살고 있는가?

- 당신과 그들은 그리스도의 재림을 고대하고 있는가?

- 당신과 그들은 사랑과 건전한 교리 사이에 적절한 균형을 이루고 있는가?

- 당신과 그들은 교회 지도자들에게 협력하는가? 그들의 사역에 무관심하지 않은가?

위의 요소들 중 어느 하나라도 당신의 삶이나 교회에 결핍되어 있다면 그러한 영역들을 강화하기 위한 방안을 마련하라.

자족하는 삶을 누리는 일곱 번째 단계
하나님이 누리시는 하늘의 평강을 구하라

❈ 이 장의 주제

데살로니가후서 3장 16절에서 얻은 교훈들 중 하나는, 우리가 원래 지음받은 모습을 따라 하나님께서 우리에게 평강과 은혜를 불어넣어 주시는데 그럴 때 염려는 우리 안에 발을 붙일 수 없다는 것이다.

❈ 마음 열기

지난 과거를 돌아보며 위급했던 상황들을 떠올려보라. 아직도 마음 속에 생생한 한 가지에 초점을 맞추라. 그 당시에 대해 어떤 기억들이 나는가? 무엇의 도움으로 그 고난을 잘 지나올 수 있었는가?

❈ 내용 탐구

1. 평강에 대한 일반적인 정의는 무엇인가? 거룩한 평강을 설명하는 데 있어 그것은 얼마나 부족한가?

----

2. 다음의 빈칸을 채우라.
   하나님께서 주시는 평강은 _____의 _____에 영향
   을 받지 않는다.

3. 하나님의 속성으로서 평강을 설명해보라.

   ----

4. 시편 85편 8절을 인용하라. 그 구절에 평행하는 신약 성경의 구절은 무엇인가?

   ----

5. 토마스 왓슨이 악한 자의 거짓 평강에 대해 말한 것을 요약해보라.

   ----

6. 하나님의 평강은 어떻게 그분의 자녀들에게 중단될 수 있는가? 그리고 그것은 어떻게 회복될 수 있는가?

   ----

7. 예수님께서 약속을 지키신다는 것을 세상에 보여주는 한 가지 방법은 무엇인가?

   ----

8. 하나님의 은혜는 어떻게 어려움에 처해 큰 염려에 빠질 수 있었던 바울을 도왔는가?

   ----

9. 하나님의 은혜는 우리를 위해 무슨 일들을 하는가? 그 은혜를 받는 조건은 무엇인가?

✵ 삶의 적용

1. 큰 바다의 표면에는 종종 거대한 파도가 일지만 그 아래의 물은 완전히 정지된 지점에 이를 때까지 차츰차츰 고요해진다. 이러한 무풍지대의 해저를 연구하는 탐사 팀은 수백 년간 외부의 아무런 방해도 받지 않은 동물과 식물들을 발견했다. 해양지질학자들이 부르는 이 '바다의 완충지대'는 크리스천이 경험하는 평강과 같다. 주변 환경이 염려나 문제로 물결치더라도 한 크리스천의 영

혼 속에는 평강의 완충지대가 있다. 그것은 그가 평강의 왕자를 알고 있고 그 안에 평강의 하나님께서 주시는 평강의 영이 있기 때문이다. 당신의 삶에서 그 영역은 어떠한가? 주변의 소란함이 당신 안의 그 깊은 곳까지 들어가 그곳을 휘젓고 있지는 않은가?

2. 하나님과 함께하는 평강이 필연적으로 세상과의 전쟁으로 귀결된다는 사실을 잊기 쉽다. 밴스 해브너Vance Havner는 「크리스천의 기쁨의 비밀」The Secret of Christian Joy에서 다음과 같이 말했다.

> 거듭나고 성령 충만한 크리스천은 언제나 이 옛 세상과 반대된다는 사실을 잊지 말라. 매순간 그런 일에 부딪히게 될 것이다. 거듭난 날로부터 주님과 함께하기 위해 세상을 떠나는 날에 이르기까지 그는 세상의 흐름과 영원히 다른 길로 나아갈 것이다.
> 그 일을 받아들일 경우 사람들은 그를 비방하고, 구원의 기쁨을 빼앗으며, 따분한 보통 수준으로 그를 끌어내리려고 할 것이다. 대부분의 교회 사람들은 자신들의 냉담한 자기만족이 보이는 것으로 살아가지 않고 믿음으로 살아가기를 고집하는 사람들에 의해 뒤집히는 것을 싫어한다.

당신은 평강을 하나님과 더불어 누리고 있는가, 아니면 세상과 더불어 누리고 있는가? 하늘이 주시는 평강을 누리고 있다면 이 땅에서의 삶이 끊임없는 투쟁임을 알게 될 것이다. 그러나 그것은 선한 믿음의 싸움이다 딤전 1:18-19.

3. 요한복음 16장 26절에서 우리는 기도로 하늘 아버지께 바로 다가갈 수 있다는 사실을 배우고, 로마서 8장 26절과 34절에서는 도움이 필요할 때 그리스도가 우리를 위해 중재하신다는 사실을 배운다. 하나님께서 얼마나 당신과 의사소통을 하고 당신을 돕기 원하시는지에 대해 그러한 사실들이 말해주는 바는 무엇인가? 당신은 하나님께서 당신의 기도에 귀 기울이시는 것만큼 그분에게 열정적으로 기도하고 있는가? 지금 당신의 마음이 어디에 있는지 살피며 기도하라.

4. 빌립보서 4장 9절은 경건한 삶을 하나님의 평강과 연결짓는다. 잠언 1장 33절과 28장 1절을 읽으면 그러한 관계를 자세히 볼 수 있다. 그런 다음 빌립보서 4장 6-9절을 기록하고 암송하라. 걱정이 밀려들 때 암송한 구절을 묵상하며 염려를 극복하도록 주님의 도우심을 구하라. 그럴 때 경건한 생각과 삶이 강화될 것이다.

자족하는 삶을 누리는 여덟 번째 단계
감사의 영으로 불평을 몰아내라

❂ 이 장의 주제

빌립보서 2장 14-16절에서 중요한 적용은 불평을 피하는 것이다.

❂ 마음 열기

1. 어린 자녀를 둔 절친한 크리스천 친구의 집에 갔다. 그는 자녀를 매우 사랑하고 아이의 요구를 열심히 들어주면서도 그러다 아이를 망치면 어쩌나 하는 두려움을 가지고 있다. 자녀 양육에 대해 당신의 의견을 묻는 그에게 뭐라고 대답할 것인가?

2. 가족 중 한 명이 거의 매사에 불평하는 나쁜 습관에 빠져 있다. 그가 그럴 때마다 당신은 화가 나고 더 이상 그의 곁에 있고 싶지 않다는 생각이 든다. 관계가 매우 중요하기는 해도 더 이상 그로 인해 피곤해지고 싶지 않다. 이 상황을 어떻게 헤치고 나가겠는가?

❈ 내용 탐구

1. 물질주의 사회에서 왜 핵가족은 불만에 찬 자녀들을 만들어내기 쉬운가?

   ----

2. 자녀 중심의 자녀 양육이 만들어낸 유감스러운 일은 무엇인가?

   ----

3. 권위를 따르는 아이에게 돌아오는 긍정적인 유익 가운데 하나는 무엇인가?

   ----

4. 왜 요즘 많은 젊은이들은 집을 떠나고 싶어하지 않는가? 그들은 어떤 종류의 일을 하고 싶어하는가?

   ----

5. 물질주의자들은 마음에 공허함을 느낄 때 무슨 일을 하기 쉬운가? 그것은 대체로 사회에 어떤 영향을 미치는가?
   _____
   _____

6. 하나님께 불평하는 것이 죄임을 성경에서 증명하라. 구약과 신약 성경에서 그 예들을 찾아보라.
   _____
   _____

7. 죄사함 받은 것을 하나님께 적절하게 감사하는 유일한 방법은 무엇인가?
   _____
   _____

8. 성경은 만족에 대해 뭐라고 말하고 그 말씀은 어디에 나오는가?
   _____
   _____

9. 하나님께서 그토록 불평을 싫어하시는 이유는 무엇인가?
   _____
   _____
   _____

10. 어두운 세상에서 빛이 될 수 있는 두 가지 모습은 무엇인가?

❈ 삶의 적용

1. 당신의 삶에는 현재 기쁨과 만족이 있는가? 성경을 토대로 다음 질문에 대해 곰곰이 생각해보라.

- 당신은 성경에 기록되어 분명하게 계시된 하나님의 뜻에 순종하고 있는가?(시 119:111)

- 당신은 당신의 삶에 고백하지 못한 죄가 있음을 알고 있는가?(시 51:9,12)

- 당신은 당신의 믿음을 다른 사람들과 나누며 그들이 영적으로 성장하도록 돕고 있는가?(빌 2:17)

- 당신은 의식적으로 성령님의 다스림을 따르며 성령 충만해 있는가?(갈 5:19-26)

- 당신의 특징은 그리스도를 깊이 사랑하는 마음으로 나타나고 있는가?(벧전 1:8)

2. 당신이 가지고 있는 모든 것은 주님의 것이라는 태도를 가지고 있는가? 당신은 '원하는 것'과 '필요한 것'을 철저하게 구분하고 있는가? 필요하지 않거나 사용할 수 없는 것은 사지 않으려고 하는가? 수입을 넘지 않는 선에서 소비하고 있는가? 주님의 일에 헌신적으로 헌금하고 있는가? 이 모든 질문에 정직하고 진실한 마음으로 '그렇다'라는 대답을 할 수 있어야 당신은 결정적으로 현재 가지고 있는 것에 만족하고 돈을 사랑하는 데서 자유로워질 수 있다 딤전 6:6-10.

3. 고린도전서 10장에 따르면 이스라엘 백성들은 엄청난 영적 특권을 누렸다. 그리스도와 관계를 갖고 있는 덕분에 당신이 누리고 있는 유익들을 열거해보라. 이번 주에 매일 시간을 내어 그러한 유익들을 묵상하고 비할 길 없는 하나님의 은혜를 찬양하라. 특히 무언가에 대해 불평하고 싶은 유혹을 느낄 때 그렇게 하라.

4. 당신이 소유하고 있는 것들을 죽 적고 목록의 맨 위에 당신의 이름을 써넣으라. 마치고 나면 당신의 이름을 지우고 그 자리에 '하나님의 것'이라고 쓰라. 그런 다음 목록에 적힌 모든 것들에 대해 하나님께 특별히 감사하라. 지금 이후로 상점에 갈 때면 세심하게 계획을 세워서 가라. 목록에 적힌 당신의 소유물들은 오직 당신에게 실제로 필요하고 당신의 형편에 맞는 것이어야 한

다. 수입보다 더 많이 소비하고 싶은 유혹에 넘어가지 말라. 마지막으로 주님의 일을 위해 무엇을 드릴 수 있는지 생각해보고 그보다는 좀 더 많이 드리려고 노력하라. 영원한 보상을 받게 될 헌신을 하는 것이다.

자족하는 삶을 누리는 아홉 번째 단계

자족하는 삶, 당신도 누릴 수 있다

❈ 이 장의 주제

빌립보서 4장 10-19절에서 바울은 하나님의 섭리를 확신하고, 작은 것에 만족하고, 환경에 낙담하지 않으며, 하나님의 능력을 힘입고, 다른 사람들의 행복을 먼저 생각하는 본을 보여준다.

❈ 마음 열기

1. 당신이 좋게 생각해왔던 한 사역기관이 후원을 얻기 위해 사람들에게 두려움을 조장하고 그들의 마음을 조종하고 있다. 그 기관의 지도자에게 당신이 우려하고 있는 것을 간결하면서도 정확하게 표현하기 위해 빌립보서 4장을 어떻게 사용하겠는가?

2. 자녀들은 새 장난감이 필요하다고 말한다. 배우자는 새로운 취미

가 필요하다고 말한다. '필요'라는 단어를 사용할 때 그들에게 정말 필요한 것이 무엇인지 파악하도록 그들을 도우라. 재치 있게 그 일을 할 수 있는 방법을 찾아보라.

❈ 내용 탐구

1. 다음의 빈칸을 채우라.
   성경은 만족을 하나의 미덕으로 권하는 게 아니라 _____하고 있다.

2. 빌립보서를 쓰고 있었을 때 바울의 상황은 어떠했는가? 바울은 그의 삶의 형편을 하나님께서 정하심에 대해 어떤 확신이 있었는가?
   _____
   _____

3. 스토아 학파는 '만족'을 어떻게 보았는가? 이것은 성경의 개념과 어떻게 다른가?
   _____
   _____
   _____
   _____

4. 바울과 빌립보 교회의 관계는 바울이 그들에게 보낸 서신의 마무리 글과 어떤 연관이 있는지 설명하라.

---

5. 하나님께서 세상에서 행동하시는 두 가지 방식은 무엇인가? 그 둘을 서로 비교하라.

---

6. 어떻게 해야 하나님의 섭리를 확신하면서도 숙명론적인 태도에 빠지지 않을 수 있는가?

---

7. 인간의 욕구를 재정의하는 오늘날 물질 위주의 문화 속에서 자신을 지킬 수 있는 한 가지 방법은 무엇인가?

---

8. 크리스천으로서 우리는 어떻게 만족과 평강을 잃지 않을 수 있는가? 어떻게 그것을 되찾을 수 있는가?

_____
_____

9. 만족을 느끼는 우리의 능력을 키워주는 것은 무엇인가?

_____
_____

❋ 삶의 적용

1. 당신은 지금 어떤 어려운 형편에 있는가? 로마서 8장 28절의 말씀에 의지하라. 크리스천으로서 당신은 낙관적일 수 있는 모든 이유를 가지고 있다. 결국에는 모든 일을 합하여 선을 이루시는 하나님의 약속을 역경들로 덮지 말라.

> 우리가 알거니와 하나님을 사랑하는 자 곧 그의 뜻대로 부르심을 입은 자들에게는 모든 것이 합력하여 선을 이루느니라

2. 빌립보서 4장에서 바울은 우리에게 어떠한 본을 보여주고 있는가? 19절에 따르면, 필요를 채우기 위해 자신의 것을 나눌 때 미래의 행복을 모험에 내건 사람들에게 무슨 일이 일어나는가? 그

리스도의 몸 안에 현재 어떤 것이 필요한지 당신은 인식하고 있는가? 그러한 필요들 가운데 하나를 채울 자원을 당신은 가지고 있는가? 그렇다면 그 필요를 채우지 못하게 당신을 방해하는 요소는 없는가? 그 필요를 채우기 위해 하나님께서 주신 자원을 가장 잘 사용할 수 있는 지혜를 달라고 간구하고, 그러한 특권들을 주신 하나님께 감사하라.

3. 눈앞의 문제와 쟁점에 정신이 팔려 영원에서 오는 놀라운 기쁨을 까맣게 잊기란 쉬운 일이다. 지금 잠시 시간을 내어 요한계시록 21장 1절에서 22장 5절까지의 말씀을 묵상해보라. 당신의 새로운 집에서 기대하게 될 몇 가지 일들은 무엇인가? 그 삶은 지금의 삶과 어떻게 다른가? 미래의 집에 대해 자주 생각할 때, 우리는 결국 하나님께 감사를 드리고 그분을 찬양하게 될 영원하고 새로우며 가슴 벅찬 전망을 갖게 될 것이다.

염려를 버리고 하나님을 온전히 신뢰하는 삶
자족연습

1판 1쇄	2008년 8월 25일
1판 5쇄	2011년 3월 15일
2판 9쇄	2023년 8월 10일

지은이	존 맥아더
옮긴이	김애정
발행인	조애신
편집	이소연
디자인	임은미
마케팅	전필영, 권희정
경영지원	전두표

발행처	도서출판 토기장이
주소	서울시 마포구 동교로 71-1 신광빌딩 2F
출판등록	1998년 5월 29일 제1998-000070호
전화	02-3143-0400
팩스	0505-300-0646
이메일	tletter77@naver.com
인스타그램	togijangi_books_

ISBN	978-89-7782-332-7

- 이 책은 저작권 법에 따라 보호를 받는 저작물이므로 무단 전재와 무단 복제를 금합니다.
- 이 책의 전부 또는 일부를 이용하려면 반드시 저자와 도서출판 토기장이의 동의를 받아야 합니다.

도서출판 **토기장이**는 생명 있는 책만 만듭니다.
"우리는 진흙이요 주는 토기장이시니 우리는 다 주의 손으로 지으신 것이니이다" (이사야 64:8)